THÉÂTRE

DE LA

JEUNESSE

PIÈCES

POUR

JEUNES

FILLES

Paris, LE BAILLY, édit. 15, rue de Tournon

THEATRE
DE LA
JEUNESSE

JEUNES FILLES

1

LA SŒUR DE LAIT (Page 8 — Scène I)

MADEMOISELLE BOUDE (Page 115 — scène II)

THÉATRE
DE LA
JEUNESSE

COMÉDIES ET VAUDEVILLES DIALOGUÉS
COMPOSÉS SPÉCIALEMENT
POUR JEUNES FILLES

PAR

Hippolyte DEMANET

ÉDITION ILLUSTRÉE PAR DONJEAN
DE DESSINS REPRÉSENTANT
LES PRINCIPALES SCÈNES DES PIÈCES

PARIS

LE BAILLY, LIBRAIRE-ÉDITEUR
15, RUE DE TOURNON, 15

TABLE

———

AVERTISSEMENT

Ce volume est le quatrième ouvrage que je publie sous le titre de *Théâtre pour la jeunesse*. Deux sont consacrés aux jeunes garçons, l'un contenant des pantomimes comiques, le second des comédies dialoguées.

Je devais songer également à mes charmantes petites lectrices. La série qui les concerne se compose, comme la première, d'un livre de pantomimes déjà paru ; de la présente publication, enfin, qui ne renferme que des pièces parlées.

En le parcourant, mes aimables lectrices remarqueront qu'il contient deux paysanneries : la *Sœur de lait* et le *Chêne creux* : vaudeville et comédie dans lesquels le sentiment se joint aux situations amusantes.

La *Fée du cinquième étage* est très facile à jouer en dépit de ses changements de costumes où tout est calculé pour que ces transformations s'opèrent vite; L'*Eau et le Feu* composent une pièce fantastique fort amusante pour l'œil et pour l'esprit.

La dernière : *Mademoiselle Boude* ! renferme une action qui se passe dans un pensionnat ; elle permet de mettre un grand nombre d'élèves en scène et comporte dans son ensemble un grand fonds de moralité.

Bref ! j'ai fait de mon mieux pour offrir à la jeunesse un choix de petites pièces théâtrales empreintes de sentiment et de gaîté, faciles à représenter et aussi agréables à lire qu'à voir jouer.

Du moins mon amour-propre d'auteur me fait concevoir cette espérance, et je ne forme qu'un souhait, c'est que les gentilles demoiselles qui me procureront l'avantage de me lire soient à peu près de mon avis.

Sur ce, mes agréables interprètes, tournez la page et, quand vous serez à la dernière, recommencez si ça vous a plu.

Hippolyte DEMANET.

LA SŒUR DE LAIT

COMÉDIE RUSTIQUE EN UN ACTE

PERSONNAGES:

GERMAINE, jeune fermière.
LUCIE, sa sœur de lait.
JAVOTTE, fille de basse-cour.

LA SŒUR DE LAIT

(Une cour de ferme, à gauche la maison, porte charretière au fond donnant sur la campagne ; à gauche, un banc.)

SCÈNE PREMIÈRE

JAVOTTE, GERMAINE

JAVOTTE, *balayant et chantant.*
Air : *Elle a un trou, nôt'marmite.*

Eh! balaie donc,
La Javotte!
Faut qu'on vivotte :
Dia! hue donc!
On n' te f'ra pas, la gross' dondon,
Toujours trotter comme un dindon.
Eh! balaie donc,
La Javotte!
Faut qu'on vivotte :
Dia! hue donc!

GERMAINE, *entrant sans la voir.*

Du quinze au vingt qu'elle a marqué sur sa lettre ; comme c'est aujourd'hui le seize... si c'est pour le quinze, c'est passé... si c'est pour le vingt... il est encore à venir... (*Javotte, sans la voir, lui donne un coup de balai.*) Veux-tu faire attention, toi, sapristi de bête!... Si ça t'arrive encore, je te fais manger ton balai jusqu'au trognon.

JAVOTTE

Excusez-moi, not'maîtresse!... j'étions réfléchissante, et j'vous prenions pour un tas d'ordures.

GERMAINE

Réfléchissante !... c'te tête-là !... Je vous demande à quoi que ça peut songer.

JAVOTTE

Dites donc, not'maîtresse !... Est-ce que vous me trouvez belle fille, vous ?

GERMAINE.

Toi ? T'es un laideron de première qualité. T'es fagotée comme quatre sous ! Regardez-moi cette tournure ! Ça ressemble-t-y à quéque chose !... Ensuite t'es godiche à manger des picotins d'avoine... J'te garde par habitude, mais tu sortirais d'ici ; on ne voudrait pas de toi pour un liard.

JAVOTTE

Eh ! ben ! comme je savons que vous êtes une personne d'affût et que vous vous y connaissez, j'allons vous demander un conseil ! Quoi que vous pensez de Louchonne la coquetière et de Claudine la mercière ambulante ; y me voulont pour compagne ?

GERMAINE

Pour compagne ? Toi ? une brute de ton espèce ? Claudine : je ne dis pas non, parce que c'est une imbécile, mais Louchonne qui est une feignante... et qui ne veut une associée que pour faire son travail... c'est point toi qu'elle ira prendre.

JAVOTTE

Oh ! que si ! oh ! que si !... à me disait encore hier, que si j'avions tant seurement... dix pistoles pour acheter un bouricaut, elle me prendriont net... comme j'avalons une guigne ! J'y ons répondu que j'savions

1.

point mon compte... parce que vous m'avez dit que vous me payeriez tout en bloc!... Défie-toi qu'alle m'a répondu !... Ta maîtresse est une ladre, une avare, qui vendriont la peau d'une puce si on pouvait en faire de la chaussure.

GERMAINE

C'est comme ça qu'elle m'arrange, ta finaude de coquetière? Eh! ben! vas-y roucouler que je te dois trois ans à quatorze francs l'an; ce qui fait quarante-deux francs que nous mettrons à quarante pour faire un compte rond!... Si elle te prend pour associée avec une pareille somme! vous serez fameusement godiches toutes les deux.

JAVOTTE

Ça n'vous fait rien que j'allions y dire? Je prenons mes sabiots à mon cou.

Air : *Rien n'est sacré pour un sapeur.*

Afin d'conv'nir par eun' bell' mise
J'allons quéri d' plus fins sabiots :
J'orn'rons d'un nœud mon col de ch'mise
Comme on en met sur les chapiaux ;
Quitte à fair' peur à nos corbiaux
J'mettrons mes vêtements les pus biaux.
Sous des gants j' cacherons nos ampoules
Et pour fair' pousser les hauts cris...
J'allons m' cercler d'un' cage à poules...
Rien n'est trop biau pour voir Paris.

(Elle jette son balai et sort en sautant lourdement.)

SCÈNE II

GERMAINE, *seule.*

Ladre!... avare! sans cœur!... V'là les noms qu me donnent tous... et que je mérite ben mieux!

Mais y ne savent point pourquoi je suis si habe-
charde au travail et si ladre à la dépense!... Je
vas vous le dire. C'est pour ma petite Lucie!... ma
sœur de lait!... Ma pauvre mère l'aimait ben!... Moi
je l'aimais aussi comme une sœur propre! et surtout depuis qu'elle était devenue orpheline... et
qu'elle n'avait pus que nous!... Un jour elle nous
dit : Votre bien n'est pas grand, jé suis une charge
pour la maison!... Madame de Rosemont a besoin d'une
femme de chambre... Je pars avec elle! Mes gages
de trois années me feront une petite fortune .. et à
mon retour.. nous nous quitterons pus!... Nous
nous sommes embrassées!... J'avais cependant le
cœur ben gros le jour de son départ!... V'là de çà
trois ans!... Depuis!... Ma mère est allée rejoindre
la sienne... J'ai recueilli son mince héritage!... J'a.
travaillé comme un cheval, amassant sou par sou...
malgré les ricanements des autres... Ça me vexait
ben un peu! Mais je me disais : Quand Lucie reviendra... Elle saura comprendre que l'argent qu'on
gagne par le travail n'est jamais honteux dans la
poche.

Air : *J'croyais ben qu'c'était un conte.*

Luci' n'est pas un' duchesse.
Sa vertu vaut ben la leur.
Je n'amass' de la richesse
Qu' pour atteindre à sa valeur :
A son souv'nir angélique
Mon cœur bat sous un lot d' chair !
L'Amitié ! c'est un' relique.
Qu'on n' saurait payer trop cher.

Et voilà! depuis trois ans, mon petit bien a fruc-
tifié!. Maintenant, lorsque Lucie reviendra... Ça sera

une bonne petite fermière... Nous ferons tout valoir ensemble ! Elle ne tardera sans doute pas à revenir, car voilà un bout de temps qu'elle ne m'a écrit et les beaux jours vont ramener mame de Rosemont à sa campagne.

SCÈNE III

GERMAINE, JAVOTTE

JAVOTTE, *dehors.*

Not' maîtresse! Not' maîtresse. (*Entrant.*) Ah! vous v'là! C'en est encore ben d'une autre à c'te heure!.. Vous ne savez point la nouvelle ?

GERMAINE

Encore la serine qui va bavarder comme une pie!.. Quoi qu'y a de cassé?

JAVOTTE

Ça y est.

GERMAINE

Quoi qui y est? Le feu dans une meule? Courons l'éteindre.

JAVOTTE

On l'a vue.

GERMAINE

Qui qu'on a vu? Quèque bête malfaisante ! Prenons des fourches et courons-y.

JAVOTTE

Mais non! Not' maîtresse! Je parlons de mamzelle Lucie.

GERMAINE

Lucie que tu viens de dire?. On l'a vue? où çà?... Répète donc! Répète donc ou je te flanque une mornifle !

JAVOTTE

N'allez point pus vite que le violon ou la danse sera trop tôt finite ! J'allions à la reserche de Claudine ou de la Louchonne, quand tout à coup j'apercevons eune jambe qui s'avance derrière moi et un bras qui me tire ma jupe.

GERMAINE

Fallait leur donner des coups de sabot.

JAVOTTE

Au bras et à la jambe !... C'étaient ceusses de Catherine, la jardinière de mame de Rosemont qui m'annonçait l'arrivée de sa maîtresse et de mamzelle Lucie.

GERMAINE

Lucie ! Lucie de retour ! C'est point possible ; je dors ou je rêve ! Javotte ! suis-je point endormie ? Mords-moi pour voir ! Mords-moi donc ou je te donne des coups de pied dans les mollets. (*Elle tend les bras, Javotte la mord.*) Aïe ! Oh ! l'infernale bourrique ! a-t-elle des crocs qui font mal.

JAVOTTE

Vous êtes ben sûre d'être éveillée à c'te heure ? Eh ! ben ! J'vous l'répétons, vot'sœur de lait, c'te Lucie, dont vous avez plein la bouche quand vous parlez, qu'on dirait quasiment du fromage à la crème. Eh ! ben ! Elle est au pays.

GERMAINE

Je cours au-devant d'elle ! Mais que je change de toilette pour la recevoir ! Donne-moi mes chaussons neufs, mon béguin blanc, ma jupe rouge.

JAVOTTE

A quoi bon! pisque c'est-elle qui vient vous rendre visite!... Et même tenez!... cette mamzelle pimpante!... Là-bas, sur la route!... Ça ne serait point elle?

GERMAINE

Si! si! Mes jambes perdent la tête!... Javotte! mets-moi un banc dessous que je ne tombe point. (*Javotte lui donne un siège.*) Je la vois! Je me sens mal! ah! que ça fait du bien!

(*Entre Lucie en toilette de femme de chambre parisienne.*)

SCÈNE IV

JAVOTTE, LUCIE, GERMAINE.

LUCIE, *entrant.*

Air : *Encore aujourd'hui la Folie.*

Chacun croit voir une bourgeoise
Sous mes nouveaux ajustements.
C'est qu'en effet la villageoise
Se reconnaît aux vêtements.
En ces lieux chers à mon bel âge
Bien malgré moi, de tout je ris :
On ne tient plus à son village
Quand on a su vivre à Paris.

(*Pendant ce temps, Germaine et Javotte regardent Lucie avec admiration.*)

GERMAINE

Je ne me sens plus de joie! Ma bonne Lucie! Te voilà donc de retour!... Ah! que c'est gentil de ta part!

LUCIE

Tiens! bonjour, Germaine! Oui! nous venons passer la belle saison à la campagne!... Sitôt mes effets installés, ma première visite est pour la ferme où s'est passée mon enfance.

GERMAINE

C'est ben aimable çà! Mais qu'elle est donc mignonne, en Parisienne : vois, Javotte, si t'as pas l'air d'un fagot habillé à côté d'elle.

JAVOTTE

Elle est crânement mise tout de même.

LUCIE

Tiens! Quelle est donc cette fille que je n'avais pas remarquée?

GERMAINE

C'est Javotte : celle qui fait les travaux de la ferme depuis ton départ.

LUCIE, *riant*.

Ah! ah! ah! Dire que je me suis vue habillée de la sorte... et qu'alors je ne me trouvais pas mal.

JAVOTTE

C'est point ça qu'empêche d'être gentille.

GERMAINE

Mais, dis donc, y me semble que nous avons oublié quèque chose... Nous ne nous sommes point embrassées.

LUCIE

Oh! ce n'est pas une obligation.

GERMAINE

Mais moi! j'y tiens! (*Elle saisit Lucie et l'embrasse malgré elle.*)

LUCIE

Allons donc! que vous êtes brutale! Vous me serrez avec vos mains grossières!... Ces paysannes sont d'un ridicule!... Je vous demande un peu ce que pensera cette fille des champs d'une telle familiarité.

JAVOTTE

Fille des champs!... Une campagnarde déguisée qui sent encore le fumier de la ferme! Je m'en allons; sans ça, ma main serait capable de s'étaler sur sa frimousse.

(Elle sort, pendant que Germaine surprise regarde Lucie qui s'essuie le visage.)

SCÈNE V

GERMAINE, LUCIE

GERMAINE

Comment! c'est toi, Lucie, qui reçois mes amitiés de la sorte?... Est-ce que par hasard... j'te ferais honte?

LUCIE

Je ne suis plus ni servante ni herbagère. Mon séjour à Paris a de moi fait une demoiselle... et c'est de la sorte que vous devez me traiter.

GERMAINE

Vous!. Tu me dis: Vous!. Oh! J'en suis de là, tout ébaubie! y me semble que j'ai mangé dix bottes de radis qui ne digèrent point!... Vous!... Tu te souviens donc pus que ma mère t'a élevée!... et que plus tard, quand t'as restée orpheline, elle t'a dit: Ne pleure pas, mignonne! au lieu d'une fille, j'en aurai deux que j'aimerai autant l'une que l'autre.

Air : *T'en auras pas l'étrenne.*

Cell' qui nous a nourri's d'son lait
Fut ton unique et ta seul' mère :
Son souvenir, comme un' chimère,
Part de ton cœur ! Ah ! fi ! qu' c'est laid !
Comm' moi, t'as eu la jouissance
Des revenus formant not' bien :
On n'te laissa manquer de rien
Depuis le jour de ta naissance...
Oublier ceux qui vous font du bien (*bis*)
C'est-y d'la reconnaissance (*bis*) ?

LUCIE

Vous exagérez, Germaine ! Certes ! jamais je n'oublierai que je dois le bonheur de mes jeunes années à la vaillante mère Blaise !... Mais enfin, je ne pouvais éternellement rester ici.

GERMAINE

C'est cependant pas là ce que vous....... Je te dis vous, maintenant, puisque ça vous effarouche qu'on te tutoye !... Mais enfin vous aviez promis de revenir à nous.

LUCIE

C'était un enfantillage.

GERMAINE

Ah ! vous l'avez pris comme ça ? Pour moi, c'était sérieux !... J'ai travaillé comme une négresse pour agrandir mon petit avoir !... Je me disais : Quand elle reviendra, sera-t-elle contente de voir notre propriété ! Mais bernique ! Elle ne jette seulement pas un regard dessus.

LUCIE

Voyons ! franchement, Germaine !... Est-ce que mes manières actuelles peuvent cadrer avec celles de la campagne! Remarquez combien vos sabots jurent à côté de mes bottines... Vos mains grosses et rouges ont l'air de battoirs à coté des miennes.

GERMAINE

Mes mains sont endurcies par le travail... Les vôtres sont mignonnes à force de rien faire... Vous vous êtes trompée de porte, mamzelle la marquise. Depuis longtemps déjà vos lettres me semblaient moins amitieuses... J'y voyais, moi, de l'occupation mais pas du dédain... Fallait donc m'écrire la vérité tout de suite... autrement, briser le cœur de ceux qui vous aiment... c'est de la scélératesse...

LUCIE

Voyons! encore une fois!... Vous exagérez les choses.

Air : *Jean ne ment pas.*

Ma pensée est mal traduite.
Je vaux mieux qu'il ne paraît.
Car je règle ma conduite
Sur notre unique intérêt :
N'aimant plus vivre en campagne.
Devenir votre compagne
Serait par trop mal agir :
Je n'ai pas le goût visible
De prendre un état risible
Dont il me faudrait rougir.

GERMAINE

Rougir! Rougir de travailler pour vivre!... Ah! tenez! vous êtes trop bonne d'être venue nous dire : Bonjour! Ne vous gênez donc pas pour revenir une autre fois... Excepté que si vous êtes dans le malheur!... N'oubliez pas, alors, qu'il y aura toujours pour vous une miche de pain blanc... que je ne rougirai pas de vous donner. (*Elle tombe assise la tête appuyée dans ses mains.*)

LUCIE

Elle est courroucée! Laissons passer l'orage. Je reviendrai quand le calme renaîtra. (*Elle sort.*)

SCÈNE VI

GERMAINE, *seule.*

Ne me parlez pas des campagnardes qui vont à Paris ; autant qui n'aiment pus leur pays ni ceux qui les habitent. (*S'essuyant les yeux.*) Oh! ne croyez point que c'est pour vous que je pleure!... C'est la rage plutôt!... (*Regardant autour d'elle.*) Elle est partie!... Eh! ben! en v'là une arrivée :... Je me faisais une joie de la revoir, maintenant elle rougit de nous!... Qu'est-ce que nous avons donc de moins qu'elle? Des beaux vêtements?... J'en ai, moi, des vêtements cossus! que je vais les mettre encore... et aller me promener ; que, si elle me voit, elle en sèchera de jalousie.

SCÈNE VII

GERMAINE, JAVOTTE

JAVOTTE, *entrant.*

Elle est partie, votre mijaurée de sœur de lait?

GERMAINE

Si tu ne veux pas recevoir des coups de pied pour tartines et des calottes pour mettre dessus, tu te retiendras de dire du mal de Lucie, quoiqu'elle vaille pas une pomme tombée ni toi non plus.

JAVOTTE

J'vous ons rien fait, moi.

GERMAINE

C'est justement pour ça!... Si tu m'avais fait quèque chose ça serait bien pire.

JAVOTTE

Quelle ourse que vous faites, allez!

GERMAINE

C'est vrai que tu ne le mérites pas ; tu me sers fidèlement. T'as point pour deux liards de finesse... Tu ne m'aurais pas reniée comme la Parisienne?... Tiens, pour faire la paix, je vas me promener, je t'emmène avec moi.

JAVOTTE, *riant.*

Oh! oh! oh! Vous avez le coco dérangé, notre maîtresse! Faudra vous faire vacciner.

GERMAINE

Au fait, non! tiens! Je t'emmène pas ; t'es si mal ficelée! Tu sens les ognons, le lard!... Enfin, quoi, t'es qu'une servante, je suis une fermière, je ne peux pas me ravaler en me dégradant jusqu'à toi. (*Elle sort.*)

SCÈNE VIII

JAVOTTE, LUCIE

JAVOTTE

C'est-y régalant, hein ! d'être traitée de la sorte d'un bout de l'année à l'autre? Fagot, laideron, fille des champs ! V'là le sort qui m'attend à la campagne jusqu'à la fin de mes jours !.. Elle a tout de même

ben fait, mamzelle Lucie, d'aller à Paris... sans comp-
ter que si je pouvions trouver une place comme
celle-là!. (*Voyant rentrer Lucie.*) La voilà reviendue.

LUCIE

Après mûre réflexion, je ne veux pas que mon
retour soit le signal d'une fâcherie!... J'avais l'intention de lui écrire une petite lettre... c'est trop
froid! Une explication vaut mieux!... Une risette
par là-dessus, on s'embrasse, tout est remis. (*Aperce-
vant Javotte.*) Pardon! mademoiselle! je ne vous
voyais pas! Vous m'avez parue fâchée tout à l'heure
en partant? Si j'ai dit quelque chose qui a pu vous
être désagréable, je vous en demande pardon
encore une fois.

JAVOTTE

Mon Dieu! mamzelle!... Y à vraiment pas de quoi...
(*A part.*) J'barbottons! j'sommes en peine de savoir
quoi dire. (*Haut.*) J'allons vous expliquer...(*Après un
moment de silence.*) Ça vous coûte-t'y cher une belle
robe comme ça.

LUCIE

Je n'en sais rien !... Ma maitresse me la donne...
Mais qu'avez-vous donc fait de Germaine?

JAVOTTE

Après votre départ, elle m'a parue taquinée.
comme un âne dans un pot à beurre. Elle m'a lancé
des pataquès, puis elle est allée se confir dans sa
chambre.

GERMAINE, dehors.

Javotte! apporte-moi mes galoches qui sont dans
la huche!.. ma jupe rouge et mon caraco bleu qui
sont pendus à côté de la huche; le petit miroir qu'y

est au-dessus de la huche... et du saindoux pour pommader mes cheveux.

JAVOTTE

Oui ! notre maîtresse. (*Elle sort à droite.*)

LUCIE

Je devine : j'ai trouvé que sa mise jurait à côté de la mienne ! Elle va mettre ses vêtements de gala pour se donner une contenance bourgeoise !... sans le savoir, elle va se rendre plus ridicule encore.

GERMAINE

Apporte-moi-y aussi de l'eau pour faire prendre un bain de pieds à mes mains et à ma figure.

JAVOTTE

Oui ! notre maîtresse. (*Elle revient avec une brassée de vêtements qu'elle va jeter à la volée dans la chambre où est Germaine.*) V'là votre harnachement ! Débrouillez-vous-y... Je ne l'ai jamais vue dérigoguée comme ça !... Faut qu'elle ait, comme disent les Parisiens... un grouin de porc dans son saloir.
(*Germaine entre habillée prétentieusement et sans goût.*)

SCÈNE IX

LUCIE, GERMAINE, JAVOTTE

GERMAINE

Place que je passe !. et que ma toilette des dimanches fasse sa grasse semaine.

JAVOTTE

Oh ! que vous êtes-t-y flambante, notre maîtresse ! Vous avez l'air d'un vrai soleil le jour de Pâques.

GERMAINE, *à Lucie*

Vous voilà encore, mamzelle la princesse? Vous
êtes revenue frire par chez nous. (A *Javotte*.) Allons
donc! Toi, domestique! viens donner un coup de
main à mon embellissement!... Bourrique de fille!...
Ça ne devine rien! Faut tout lui dire.

JAVOTTE

J'voyons pas ce qui vous manque! Vous êtes belle
comme une fée Carabosse.

GERMAINE

Serre la boucle de ma ceinture. (*Javotte serre la
boucle en lui appuyant un genou contre les reins.*) Saper-
lenne! Tu me manques de respect en portant la main
sur moi!... Et à ma face encore.

JAVOTTE

Ah! ah! vous appelez ça votre face?

GERMAINE

Sufficit et motus!... Eh! ben! mamzelle Lucie!
vous qui trouviez ce matin que ma mise était ridicule et grotexe! vous pouvez voir maintenant que la
campagne rivalise avec vos coquettes Parisiennes?

LUCIE

Je vais vous chagriner encore, Germaine!... Croyez-
moi sincèrement!... Vous êtes plus naturelle et
plus à l'aise sous vos habits de travail... que sous
ces vêtements, que vous avez peu l'habitude de porter.

JAVOTTE

Ça! c'est ben vrai! J'vous aimons mieux en jour-
nalière qu'en cocotte!... ça vous donne un air trop
pédante.

GERMAINE

C'est possible!... J'ai les moyens d'avoir cet air-là!... Y a pas que vous, allez, de fille un peu requin-quée!... Je vas me promener comme ça dans le vil-lage, pour montrer que, moi aussi, j'ai des belles toilettes qui ne doivent rien à personne... Je vais m'amuser et rire avec les autres. (*Elle pleure, s'essuie les yeux avec sa manche et revient vivement à Javotte.*) Tu viens de lui donner raison, toi, tout à l'heure!... Fais ta malle, je te flanque à la porte. (*Elle sort en courant.*)

SCÈNE X

JAVOTTE, LUCIE

JAVOTTE

Quoi que j'ons dit? quoi que j'ons fait? Croyez-vous que c'est malheureux d'avoir affaire à des ourses de ce genre-là!... Je sommes fichue à la porte à pro-pos de rien!... Imbécile, va!

LUCIE

Vous avez tort de la traiter ainsi!... Elle cède à un mouvement d'humeur!... Elle reviendra sur cet acte de vivacité.

JAVOTTE

Elle? Vous ne savez pas que je la connaissons comme un viau que j'aurions élevé moi-même!... Une oie, mamzelle!... une oie et pis elle, ça faisons deux oies!... Qué je vous cite un tantinet de quèqua chose à preuve de sa bêtise!... L'an dernier, un orage qui ressemblait à un déluge fait déborder notre rivière : la maison de la veuve Camus était dans l'eau jusqu'au cou ; la veuve était partie au bois, son mioche allait se noyer dans le berçä!... Ma

rmaine se fourre dans l'iau, va chercher la berce...
t attrape une distinction de voix qu'a duré deux
ois!... Est-on pus bête que ça?

LUCIE

C'est d'une bonne âme.

JAVOTTE

Une autre jour... c'était la nuit,.. la mère de Lou-
onne la coquetière venait de tomber malade d'une
vre célébrale; ma Louchonne, qui ne connait rien
ns tout ça, se réclamait au bon Dieu et à tous ses
nts... Ma nigaude de maîtresse, oubliant que la
uchonne dit tout le temps du mal d'elle, s'installe
chevet de la malade, travaille dans le jour et
t passer les nuits pendant trois semaines au
nt qu'elle en tombe sur le flanc elle-même!...
ut-il être une ânesse pour risquer à se périr pour
s gensses qui vous ont fait que du mal !

LUCIE

C'est tout simplement un cœur d'or.

JAVOTTE

ous trouvez ça, vous? Ben! quèque vous diriez
nc si vous saviez comben elle a été dinde à votre
rd ! travaillant comme un aigle afin de vous
ner un morceau de pain quand vous seriez de
ur à la ferme.

LUCIE

excellente créature! Décidément!... j'étais une
rate!... J'ai voulu lui faire une leçon, la faire
gir, lorsque c'est elle qui a les qualités et moi
inquant!... Merci, Javotte!... Vous me rendez à

4

la raison, je veux revoir Germaine, et me faire pardonner ma sotte vanité.

JAVOTTE

Quoique vous dites donc là? Ah! ben! ah! ben! j'en tombons de mon n'haut.

LUCIE

La campagne et ses douces habitudes me rendront mes paisibles pensées d'autrefois! Adieu Paris et son mirage enchanteur.

JAVOTTE

Mais alors! vous quitterez mame de Rosemont?

LUCIE

Je vais lui écrire une lettre, la remerciant de ses bontés pour moi, et la priant de me chercher une remplaçante.

JAVOTTE

Puisque ma maîtresse me flanquons dehors et que vous revenez... dans le cas où mame de Rosemont voudrait ben me prendre, je l'accepterions ben, moi, votre place.

LUCIE

Elle m'a prise paysanne... Il est supposable qu'elle vous acceptera de même.

JAVOTTE

Què chance! j'aurions eune toilette comme la vôtre

LUCIE

Je ne demande qu'à l'échanger contre des habits campagnards.

JAVOTTE

Troque!... Je vous donnons mes vêtements, vous

me remettrez les ceusses que vous portez... et je courons de la sorte porter votre lettre dans laquelle vous glisserez un petit mot pour moi !... Grimpons dans ma chambre, ça va-t-être fait tout de suite.

LUCIE

Bien volontiers.

(*Elles sortent à droite : la nuit est venue. La scène reste un instant vide. Au bout d'un instant, Germaine rentre, sa toilette en désordre : Elle se laisse choir sur le banc.*)

SCÈNE XI

GERMAINE, *seule.*

Me voilà revenue !... J'avais besoin de m'étourdir !... Je suis allée trouver les autres... Un tas de babillardes, de cancanières m'ont appelée... faraude !... Je leur ai flanqué des sottises... même une calotte à la Louchonne !... si bien que v'là comme elles m'ont arrangée !... Faraude !.., moi, faraude !... Elle a voulu se faire pimpante à cause du retour de la Parisienne... V'là ce qu'elles disaient! La Parisienne !... faut pus qu'on m'en parle !... Je ne veux m'associer à cette heure qu'une campagnarde qui ne me rapprochera pas d'avoir l'air paysan !... (*Se levant.*) Ah çà !... mais !... d'où vient qu'il fait si noir ici? N'y a donc personne pour me recevoir et donner de la lumière?

(*Lucie entre portant le costume de Javotte.*)

SCÈNE XII

GERMAINE, LUCIE

LUCIE

Me voilà, notre maîtresse.

GERMAINE

Qui ça?... y fait noir comme dans un pruneau!...
On se marcherait sur le bout du nez s'il traînait par
terre. (*Elle saisit la main de Lucie et lui tâte l'épaule.*)
Ah! c'est toi, Javotte?... T'es godiche toi! mais t'es
une bonne fille tout de même! Tu ne t'aviseras
jamais de quitter tes habits de campagne, pour
aller à la ville... comme j'en connais... Ne t'en va pas,
écoute ce que je vais te dire... Tu ne trouves pas,
toi, Javotte, que j'ai l'air d'une paysanne qu'on soit
honteuse de connaître?... Tu as vu si j'ai travaillé...
amassant liard à liard... sans dépenser jamais rien
pour moi!... C'est qu'un moment à passer, me
disais-je!... quand elle reviendra, sera-t-elle heureuse de voir qu'elle aura la moitié de tout ça!

LUCIE, *à part.*

Pauvre fille! comme je m'en veux de l'avoir ainsi
méconnue!

GERMAINE

Mais va, c'est fini! T'es pas une méchante per-
sonnière, toi, Javotte!... Eh ben! je me retourne de
ton côté; tu resteras toujours près de moi!... Tu rem-
placeras ici la Parisienne!... Donne-moi la main.

LUCIE

Voilà, notre maîtresse.

GERMAINE

Qui donc qui disait que t'étais fagotée comme
quatre sous! avec des grosses mains, des pieds d'une
anne et une taille de chêne?... Je te trouve au contraire des menottes toutes doucettes.

LUCIE, *à part.*

Elle ne s'aperçoit toujours pas de son erreur.

GERMAINE

Tiens ! Javotte !... serrons-nous comme ça la main
de franche amitié !... ça sera comme si le notaire y
passait !... Nous ne nous quitterons plus de la vie.

LUCIE

C'est juré, notre maîtresse.(*Bruit dehors.*) J'entends
Javotte !... Eclipsons-nous. (*Elle sort.*)

SCÈNE XIII

GERMAINE, JAVOTTE.

(*Javotte, habillée comme l'était Lucie, entre tenan
une lumière.*)

JAVOTTE

Me v'là (*Posant sa lumière sur la table.*) Quèque
vous dites de ça, hein ? Je sommes un peu ficelée.

Air : *La Vénus aux carottes.*

On m'a conté que v'là cent ans bentôt
Un' bell' jeun' fill' fut par tous encensée.
Elle arrivait du pays hottente
J' savons pas ben où c'te ville est placée.
Or, si j'allons à Paris faire un tour
Y s'peut très ben qu' ça soit la gross' Javette
Que l'on pourra surnommer à son tour :
La bell' Vénus (*bis*), la Véau nouvelle

GERMAINE

Qu'est-ce que c'est que cet animal-là ?

JAVOTTE

Tiens ! v'là not' maîtresse ! Bonsoir, notre maîtresse ..
Vous m'avez flanquée à la porte. Je vous en voulons
point !... Vous voyez que j'y ons rien perdu.

2.

GERMAINE

Que veut dire ce changement? Et d'où viennent ces affiquets, qui te vont comme à une ânesse qui voudrait se déguiser en belle dame.

JAVOTTE

Ah! dites donc, campagnarde!...vous devenez malhonnête, avec les gensses mieux mis que vous... et qui ne sont point de votre genre.

GERMAINE

Enfin! que signifie cette métamorphose?

JAVOTTE

Cette métamorphose signifie que je quittons votre ferme, pour suivre mame de Rosemont à Paris en qualité de femme de chambre.

GERMAINE

Mais tout à l'heure, tu promettais de ne plus me quitter.

JAVOTTE

Moi?

GERMAINE

A preuve, que nous nous sommes serré la main comme si le notaire y passait.

JAVOTTE

Moi? moi? moi? Répétez point ça ou je vous flanquons une morgnifle!... Ouf! je faisons craquer ma belle robe.

GERMAINE

Mais qui donc était là, sans lumière, quand t'es venue avec cette chandelle qu'est cause que j'y vois pus rien? (*Lucie qui s'est montrée au fond s'approche toujours vêtue en paysanne.*)

SCÈNE XIV

Les mêmes, LUCIE

LUCIE

C'était moi, Germaine.

GERMAINE

Hein? qui ça, vous? Lucie!... Affublée de la sorte?

LUCIE

Tu ne me tutoies donc plus?

GERMAINE

Quoi! vraiment! Tu reviens pour de bon? ne me donne pas de fausse joie, j'en mourrais de chagrin!

LUCIE

Mon séjour à Paris m'avait tourné la tête!... Je te méconnaissais; mais, à mon retour, ta sincère amitié m'a rendu la raison et c'est de mon plein gré que je reviens vers toi pour ne te quitter jamais.

GERMAINE

Y me semble que je rêve! Javotte, mords-moi l'épaule, ou donne-moi un coup de sabot dans les jambes pour être sûre que je suis réveillée.

JAVOTTE

Voilà, notre maîtresse.

GERMAINE

Je te le défends!... Elle est si brutale.

JAVOTTE

Dites donc... Je sommes pas votre domestique.

GERMAINE

Pourquoi qu'elle est attifée comme ça ?

LUCIE

Parce que, lui cédant mes habits et ma place à la ville, je reprends les siens à la ferme.

GERMAINE

Tout ça, vois-tu, Lucie, ça prouve une chose : c'est qu'une belle âme est un terrain dans lequel une bonne semence fructifie toujours.

JAVOTTE

Elle parle comme une maîtresse d'école.

LUCIE, *au public.*

Air: *Laissez reposer le tonnerre.*

Par le meilleur de tous les dénoûments
Nous terminons cette bien simple histoire.
Notre désir est que nos sentiments
Soient partagés par l'aimable auditoire.
Que des bravos exempts de tous sifflets
Répondent seuls à nos vœux téméraires.
En souriant à l'humble sœur de lait,
Applaudissez, messieurs, comme des frères.

FIN

L'EAU ET LE FEU

DRAME FANTASTIQUE EN DEUX TABLEAUX

PERSONNAGES :

DIAVALINE, enchanteresse.
FRIVOLETTE, sa nièce.
ONDINE, fée des eaux.
MARTHE, fermière.
SENSITIVE, fille de Marthe.
FINE-ROSÉE, petite orpheline.
NINICHE, domestique.
DAMES INVITÉES.

La scène se passe dans une province du Midi de la France.

L'EAU ET LE FEU

LA DOUZIÈME ANNÉE

(Une cour de ferme.—Porte charretière au fond; au loin la campagne, bâtiments à droite et à gauche.)

SCÈNE PREMIÈRE

MARTHE, SENSITIVE, NINICHE

MARTHE

Ne viens pas me chercher midi à quatorze heures. Quand j'ai quelque chose dans la tête, tu sais que ça y est bien... Je me suis promis que ça se ferait, et ça se fera.

SENSITIVE

Et vous croyez, ma mère, que votre conscience ne vous reprochera rien ?

MARTHE

Qu'est-ce que c'est que ça, ma conscience ? Et qu'est-ce qu'elle peut me reprocher, du moment que j'agis dans mon intérêt ?

SENSITIVE

Votre intérêt ne vous oblige pas à mettre à la porte une pauvre fille que vous avez élevée ! (*Niniche qui depuis l'entrée de Marthe et de Sensitive est assise dans le fond de la cour à gauche, en train de tricoter un bas, se lève d'un bond, et va s'accroupir dans le fond à droite.*) En somme, que trouvez-vous de répréhensible dans la conduite de Fine-Rosée?

MARTHE

Si j'y trouvais tant seulement un fétu de vilaine chose, je la flanquerais sur l'heure à la porte ; mais, comme je n'ai rien à dire sur sa manière de se comporter... comme elle est sage, honnête et travailleuse... ce n'est pas de cette façon-là que je m'arrange avec elle... Tout bonnement je lui règle son compte.

SENSITIVE

Rappelez-vous ma mère... vous m'avez assez de fois conté cette histoire... qu'il y a onze ans une femme inconnue vous la confia, vous laissant pour les soins à lui donner une somme qui suffirait pour la nourrir toute son existence ; avec cette somme, vous avez acheté votre ferme.... Vous lui devez donc votre aisance, passée, présente et future.

MARTHE

Tu ne comptes pas mon travail qui a fait fructifier tout cela?... Et puis, après tout, je trouve fort étonnant que tu t'intéresses de la sorte à une créature qui ne nous est pas liée par les liens du sang... et qui n'est qu'une étrangère pour nous.

SENSITIVE

Une étrangère? Non ! Nous avons été élevées côte à côte ! Pour moi c'est une sœur !... Ça devrait être une fille pour vous.

MARTHE

Je n'ai pas d'autre fille que toi ! Plus tard, tu hériteras de mes biens et tu seras riche... Tandis qu'elle... née de parents inconnus... ne possède pas un sou. (*Niniche fait un nouveau bond, et sans quitter son tricot va s'asseoir à l'avant-scène de gauche.*)

SENSITIVE

J'espère que, si vous lui fermez cet asile, vous aurez soin de lui remettre le coffret d'ébène que l'on vous confia en même temps que son berceau?

MARTHE

Comment sais-tu ça, toi? (*Niniche quitte sa place, et toujours tricotant, va s'asseoir à l'avant-scène côté droit.*) J'ai rêvé tout haut et tu m'as entendue? Je peux bien le lui rendre, ce morceau de bois qu'il te plaît d'appeler un coffre... et qui n'en n'est pas un, car il n'a ni couvercle ni serrure.

SENSITIVE

Puisqu'on vous l'a recommandé c'est qu'il possède une valeur.

MARTHE

En voilà assez de ce tonneau-là !... Plus tu m'en contes, plus je suis décidée à me défaire de la péronnelle... De ce pas, je rentre, pour faire l'addition de ce qui lui revient.

SENSITIVE.

Ce n'est pas votre dernier mot? Mère, je vous obséderai tant que vous vous départirez de votre rigueur. (*Marthe et Sensitive rentrent dans la maison, la fermière repoussant sa fille.*)

SCÈNE II

NINICHE, *seule.*

Ah! ben!. Ah! ben! Ah! ben! En v'là des choses que j'apprenons là moi!... Fine-Rosée qui n'est

pas la fille de notre maîtresse, qui à cause de
ça veut la mettre à la porte! Une petiote qu'elle a
élevée jusqu'à douze ans, car il y a juste douze
ans à ce matin... Mais je sommes là moi, pour lui
servir de mère, dans le cas où les autres viendriont
à lui manquer... Cette nouvelle m'a causé un effet...
que j'éprouvons quelque chose de ben drôle dans
estomac... J'y pensons! c'est la faim qui me ta-
lonne!... J'ons rien pris aujourd'hui qu'une miche
de pain et un pot de cidre... Allons nous réconfor-
ter. (*Pendant qu'elle va ranger sur un banc du pain et
une cruche, Diavoline et Frivolette arrivent par le fond
examinant la ferme avec curiosité.*)

SCÈNE III

DIAVOLINE, FRIVOLETTE, NINICHE

DIAVOLINE

Voici la ferme!... Un ordre formel m'en défendait
l'approche jusqu'à ce jour!... La douzième année
est accomplie!... La lutte recommence.

FRIVOLETTE

Ça sent comme un parfum de fumier et de lard
aux choux qui n'a rien de commun avec le ben-
join et la violette. (*Niniche rentre sàns les voir.*)

NINICHE

J'allons me garnir le tube hercule avec ça!...
J'sommes pas gourmande, mais j'aimons casser une
petite croûte. (*Elle montre un énorme morceau de
pain.*)

FRIVOLETTE

Voici quelqu'un qui nous renseignera... Hé! la
belle!... Pourrait-on déjeuner dans ton auberge?

(*Niniche, qui a la bouche pleine, fait des contorsions pour avaler plus vite.*) Ne cherche pas à t'étouffer pour nous répondre !...

NINICHÉ

D'abord, je savons pas pourquoi vous m'insultez en m'appelant : la belle, attendu que je le sommes point !... Ensuite, j'ajouterons que c'te ferme n'est nullement une auberge.

DIAVOLINE

Alors, que nous a donc annoncé la chevrière que nous rencontrâmes à cent pas d'ici ?

NINICHE

Fine-Rosée ? Vous l'avez rencontrâmes ?

DIAVOLINE

N'est-elle pas la fille de la maison ?

NINICHE

Elle avait ben le droit de le croire. La dame Marthe, notre maîtresse (*elle fait une révérence*), a reçue des mains de sa nourrice, qui l'a payée pour son élevance jusqu'à ce jour !... A c'te heure que les fonds sont engloutis... elle veut la mettre sur le pavé... et notre route qu'en n'a point !

FRIVOLETTE

Ah ! Marthe la renvoie ?

NINICHE

Elle veut pas même lui rendre son coffret... Mais je sommes là moi, pour lui servir de belle-mère, dans le cas où les autres viendriont à lui manquer.

DIAVOLINE

Ce coffret... contient des valeurs sans doute ?

NINICHE

J'l'ons jamais vu!... Seulement à ce qu'il paraît
qu'il est en ébène... et qui ne possède ni serrure ni
porte.

DIAVOLINE, *bas.*

Tu l'entends, Frivolette? C'est le coffret qui contient les preuves de sa naissance.

FRIVOLETTE

Il faut qu'il nous tombe entre les mains!... Mais
voyons, vilaine!... Tu nous bavardes des choses qui
nous sont étrangères! Nous sommes fatiguées, nous
avons faim! Sers-nous une table et des sièges.

NINICHE

Je vous ferons-t-observer que c'est point une
hôtellerie et que je sommes pas un garçon d'hôtel.

FRIVOLETTE

Tu refuses de nous être agréables?... Nous allons
rire. (*Le banc sur lequel Niniche a posé ses vivres passe
de l'autre côté de la scène.*)

NINICHE

Qu'est-ce que je voyons là? Je ne voyons pus rien...
et je le revoyons ailleurs. (*Une fourche placée le
ong du mur vient la forcer à danser.*) Et c'te fourche...
qui répond à la pelle!... C'est pour moi les fourches
claudines. (*Elle sort en dansant avec la fourche.*)

FRIVOLETTE

La leçon sera bonne.

DIAVOLINE

Partons! Et bientôt cette demeure nous reverra,
munies de titres officiels. (*Toutes deux sortent. Mu-*

sique douce. Au bout de quelques instants, entre Fine-Rosée, vétue en chevrière.)

SCÈNE IV

FINE-ROSÉE, puis SENSITIVE

FINE-ROSÉE, *avec gaieté.*

Air : *Sire de haut lignage.*

Parfois, une pensée
M'assiège, en me disant :
Tu serais caressée
Dans un endroit moins paysan.
Mais, enfant généreuse,
Je réponds à ceci :
Puisque je suis heureuse
Je veux rester ici.
En tout bien, tout honneur
Je crois Fine-Rosée
Trop sagement rusée
Pour fuir loin du bonheur;
Oui ! Fine-Rosée,
Sagement rusée.
Garde ici le bonheur.

SENSITIVE, *entrant.*

Fine-Rosée! Quel hasard te ramène à la ferme?

FINE-ROSÉE

Une voix secrète... qui semblait me dire : Retourne
Le bonheur t'appelle là-bas!... Mes chèvres elles-
mêmes paraissaient obéir à cette voix et me précé-
daient en route.

SENSITIVE

Pauvre enfant! Cette voix était celle d'un mauvais génie sans doute! Ma mère vient de décider

qu'elle était lasse de tes services... et qu'elle allait
te congédier.

FINE-ROSÉE

Me congédier?... Une fille qu'elle a élevée comme
la sienne ? Où veut-elle que j'aille? Que lui ai-je
fait?...Et puis il me serait impossible de vivre sans
vous deux.

SENSITIVE

Ame candide et bon cœur!... Tu ne sais rien des
choses de ce monde!... Tu aimes ma mère comme
la tienne, mais elle sait que tu n'es pas sa fille, et
comme tu sembles ne posséder rien, elle craint que
tu ne deviennes une charge pour la maison.

FINE-ROSÉE

Mais si je m'engage à travailler toute la vie pour
elle... sans être payée?...

SENSITIVE

Elle n'y consentirait pas... craignant le blâme du
voisinage!... J'ai une autre idée!... Si elle te parle
de t'éloigner, supplie-la bien ! Si elle persiste dans
sa résolution, de mon côté je la menace de m'attacher à toi... et d'aller où tu iras.

FINE-ROSÉE

Je serais contente de t'avoir auprès de moi; cependant ce serait peut-être mal de quitter ta mère pour
suivre une personne qui ne t'est pas attachée par
les liens du sang?

SENSITIVE

Q'importe! Ne faut-il pas que quelqu'un dans la
famille rachète la dureté de son cœur? (*On entend
chanter au dehors.*) Tiens, quelle est cette voix?

FINE-ROSÉE

C'est une jeunefille avec un tambour de basque.

SCÈNE V

LES MÊMES, ONDINE

ONDINE, *accourant*

Air : *de La Fille mal gardée.*

Souple, ainsi que le vert roseau,
  Sans aucun vasselage,
Je voltige, ainsi qu'un oiseau
  De village en village.
Aux secrets donner libre essor,
  Cette tâche est la mienne;
Voulez-vous connaître le sort?
  Voici la bohémienne.

SENSITIVE

Cette personne a le visage plein d'un bon augure!

FINE-ROSÉE

Je ne sais quelle sympathie m'attire vers elle!

ONDINE

Vous ne désirez pas faire usage de ma science divinatrice? Toutes deux vous êtes dans une position perplexe, qui vous pousse à commettre une faute grave, t'excitant, toi, Sensitive, à fuir avec Fine-Rosée que ta mère renvoie.

SENSITIVE

Comment savez-vous cela?

FINE-ROSÉE

Qui vous a appris nos noms?

ONDINE

La destinée qui ne me cache rien!... Je sais d'autres choses que je puis t'apprendre également... Donne-moi ta main. Je vais t'instruire sur ton passé, sur ton présent, sur ton avenir. (*Regardant sa main.*) Fille du chevalier Arnold et de la princesse Isoline, héritière du roi Mentana, tu fus à ta naissance appelée Rose-de-Mai.

FINE-ROSÉE

Rose-de-Mai?

ONDINE

Devenue orpheline par suite des manœuvres de la fée Diavoline, une des puissances du feu qui rêvait la succession de tes biens pour sa nièce Frivolette, pendant tes douze premières années tu fus à l'abri de ses machinations, mais aujourd'hui commence pour toi la série des épreuves... Des événements s'approchent entremêlés de grandeurs et de périls.

SENSITIVE

Regardez bien, vous verrez près d'elle une amie, une sœur dévouée à sa défense.

ONDINE

Toi! n'est-ce pas? Pauvre enfant, que pourrais-tu faire pour elle? Et qui te dit que, dans le cas où ton dévouement serait efficace, ce n'est pas dans toi que le génie du mal se plairait à la frapper?

FINE-ROSÉE

Non, Sensitive! Abandonne Fine-Rosée à son malheureux destin.

ONDINE

Je connais un moyen de protection plus sérieux! Tiens, fillette!... Accepte ce simple collier. Tant qu'il ornera ton cou tu seras invincible... Mais ne t'en sépare pas... et dans les heures d'angoisse appelle à ton aide, en criant : « Marraine, sauvez-moi. »

Air : *Oh ! fauvette,*

Ta marraine,
Souveraine,
Descendra de son pas viril
T'arracher au péril.
Elle t'aime !
Son système,
Du haut des mystiques séjours,
Sera de veiller sur tes jours.

Allons, au revoir, mes petites amies, et souvenez-vous des conseils de la Bohémienne. (*Elle sort reconduite par les jeunes filles.*)

SCÈNE VI

SENSITIVE, FINE-ROSÉE, NINICHE, FRIVOLETTE

SENSITIVE

Quelle aimable personne !... Et combien ses paroles me pénètrent d'affection et d'espérance !

FINE-ROSÉE

Ce collier me paraît d'un grand prix.

NINICHE, *dehors.*

Notre maîtresse ! Mamzelle !... Les rev'là ! (*accourant essoufflée.*) Les rev'là !... oh !... j'ons pas une goutte de sang dans la poche de notre tabellier.

MARTHE, *entrant*

Qu'est-ce qu'elle nous chante, cette bourrique-là, avec sa voix de coq enrhumé ?

NINICHE

Pisque je vous disons que les rev'là.

MARTHE

Mais qui ?

NINICHE

Les belles madames!... au banc qui marche et à la fourche qui danse.

MARTHE

Elle est folle!

SENSITIVE

Des étrangères se dirigent en effet de ce côté... Des suivantes les accompagnent... ainsi que les curieux du pays... Les voici...

SCÈNE VII

LES MÊMES, DIAVOLINE, FRIVOLETTE

(Des paysannes entrent précédant des pages et des suivantes qui se rangent pour livrer passage à Diavoline et Frivolette en costume d'apparat.)

DIAVOLINE

Braves habitantes de ce lieu, nous allons de suite mettre fin au sentiment de surprise dont chacune de vous est justement saisie. Nous venons, comme mandataires de la famille Mentana, réclamer la princesse Rose-de-Mai, que pour des raisons qu'il est inutile de vous communiquer on confia jadis, sous le nom de Fine-Rosée, aux bons soins de Marthe la fermière.

MARTHE, *à part.*

Une princesse!

SENSITIVE

Quel coup de foudre!

NINICHE, *à part.*

Moi, qui me proposais de lui servir de tante, dans le cas où les siennes viendrions à lui manquer. Voilà qui va sur mes brisées.

MARTHE

Respectables dames! une observation!...

DIAVOLINE

Nous n'en n'admettons aucune!... Nous venons
chercher notre parente, que sans plus de souci vous
mettiez à la porte de cette ferme, où cependant
l'asile vous fut payé... Nous exigeons en outre la
remise du coffret qui contient les actes de propriété
de Rose-de-Mai.

MARTHE

Je vas vous les remettre. (A part.) Vieille bête!...
j'aurais su m'y prendre mieux, j'aurais su ce qu'il
y avait dedans.

FRIVOLETTE

Ma cousine, voulez-vous me permettre de vous
offrir le bras?... Vous n'auriez pas de meilleure amie
que moi.

NINICHE

Princesse!... J'avions juré de lui servir de sœur
dans le cas où les siennes viendriont à lui manquer...
Voulez-vous que je soyons sa nièce?

DIAVOLINE

Tiens! allons! suis-nous! (A part.) Une imbécile
n'est dangereuse que pour qui ne sait pas s'en
servir.

SENSITIVE, à part.

Qui donc nous protégera, mon Dieu?

DIAVOLINE, à Marthe.

Air : Fi des honneurs, des grandeurs.

Allons, allons, sans regret,
  Donnez-nous le coffret
  Qu'ici je vous demande.

MARTHE

Ah ! n'avoir pas su chercher
A connaître ou cacher
Ce qu'on vient m'arracher.

FRIVOLETTE, à Fine-Rosée.

En nos yeux, voyez-les,
Votre bonté commande.
Tous seront au palais
Vos bienheureux valets.

NINICHE

D'ici, je partirons,
Ainsi qu'une limande
Qui danse et fait des ronds
Parmi des potirons.

SENSITIVE

Oh ! cruel avenir !
Le destin nous sépare.

FINE-ROSÉE

Tout malheur se répare,
Si j'ai bon souvenir.
Mon cœur se rassérène
Songeant que ma marraine
Saura nous réunir !...
A quoi bon de pleurer ?
Vers un autre domaine
Quand le sort nous emmène,
Il faut se séparer.

ENSEMBLE

A quoi bon de pleurer, etc.

*(Pendant ce temps, Marthe est entrée dans la maison
et en ressort avec un coffret qu'elle remet à Diavoline.)*

DIAVOLINE

Je tiens l'héritage!.. Quels que soient les événements, Ondine, tu arriveras trop tard.

REPRISE

A quoi bon de pleurer ?
Vers un autre domaine
Quand le sort vous emmène,
Il faut se séparer.

FIN DU PREMIER TABLEAU

LE BOUQUET ENCHANTÉ

Un jardin dans le palais de Mentana — Partout de la verdure et des fleurs ; au fond, une fontaine jaillissante.

SCÈNE PREMIÈRE

FINE-ROSÉE, NINICHE

(Niniche porte un costume empanaché ; une clé lui pend au dos retenue par un cordon en sautoir. Marthe est en vieille paysanne.)

NINICHE

Allons, vieille poussive ! Suivez-moi derrière et marchez devant ! Ah ! que vous vous dépêchez-t'y peu !

MARTHE

Mais, chère amie...

NINICHE

Je sommes pas votre amie, mais l'intendante de ce château.

MARTHE

Il me semble vous avoir connue au service d'une fermière appelée... Marthe !

NINICHE

Oh ! la méchante créature !... Que j'aurais-t'y du plaisir à causer son étranglement avec le cordon de ma clé !

MARTHE, *à part.*

Elle ne me reconnaît pas ; la Bohémienne m'a dit

vrai!... « Prends ce livre, ajouta-t-elle; suis à la
lettre ce qu'il t'indiquera ; nul en toi ne soupçonnera
la mère de Sensitive... et tu pourras te faire pardonner par Fine-Rosée.

NINICHE

Aurez-vous bientôt fini tous vos marmottements?
Vous avez eu de la chance, allez, de venir avant la
fermeture des portes ; personne ne pourra plus
entrer dans le palais, personne n'en pourra sortir ; il
fallait une éplucheuse de légumes à l'office, vous
vous êtes présentée, je vous ons reçue, quoique vous
soyez peut-être un peu vieille pour un état semblable.

MARTHE

Voilà cinquante ans que je l'apprends.

NINICHE

Votre apprentissage est un peu long... Quand vous
travaillerez pour votre compte, il sera temps de vous
retirer... Mais allez vite à l'office ; vous voyez cette
rouge en blanc là bas? c'est la marmitonne en
chef!... Allez-y de ma part!... Mais allez donc, vieille
gourde. (*Elle pousse Marthe qui sort.*) La v'là qui
court tout doucement!... Tiens!... Voilà notre
demoiselle en grande tenue.

SCÈNE II

FINE-ROSÉE, NINICHE

FINE-ROSÉE

Niniche! Ah! que je suis contente de te voir! On
m'en laisse si peu la satisfaction!... Ça me rappelle
nos jours passés à la ferme... où je voyais Sensitive... que je ne rencontrerai peut-être jamais...
Et toi! voyons! te trouves-tu bien heureuse ici?

NINICHE

Moi! notre demoiselle?... Je sommes exécrablement heureuse! J'sommes libre de faire tout ce qu'on me commande!... J'allons et venons... excepté qu'on ne peut pas sortir... J'avons une pus belle langue qu'étant paysanne... Je mangeons des pois, des fèves à tire l'aricot.

FINE-ROSÉE

Tu es du moins à l'abri des obsessions de Diavoline et de Frivolette, dont les regards me brûlent comme du feu!... Cette fête qu'elles donnent aujourd'hui... soi-disant en mon honneur... me comble d'une frayeur mortelle.

NINICHE

On leur z'y flanque un savon.

FINE-ROSÉE

Le puis-je? Je suis leur prisonnière!... Il me semble qu'autour de moi tout est pièges et trahisons... et si je ne suis pas tombée dans quelques-unes de leurs embûches, je crois ne le devoir qu'à la puissance toute préservatrice de ce collier que me remit la Bohémienne.

NINICHE

Oh! notre demoiselle!... J'apercevons vos parentes. (*Fine-Rosée pousse un cri et se sauve.*) Elle s'ensauve!... Mon devoir est de la précéder... Je la suivons.

SCÈNE III

DIAVOLINE, FRIVOLETTE

FRIVOLETTE

Nous pouvons maintenant opérer en toute sécurité, n'est-ce pas?

DIAVOLINE

A notre aise. Nos amis les salamandres m'ont promis leur concours ; les avenues du château sont gardées par des dragons invisibles, dont l'haleine embraserait quiconque voudrait en risquer l'approche ; tout ce qui est ici nous est dévoué ; les ennemis extérieurs ne sont pas à craindre.

FRIVOLETTE

Je pourrai donc obliger ma cousine à me prendre pour confidente, à me reconnaître pour son amie, enfin à céder à mon influence.

DIAVOLINE

Obliger est le mot vrai, car jusqu'alors tu n'as guère fait de chemin dans son estime.

FRIVOLETTE

Est-ce ma faute?... Je ne suis cependant pas timide... mais près d'elle je manque de hardiesse... Je te le répète, ma tante ; cette enfant possède une recette enchantée qui la protège contre nos artifices.

DIAVOLINE

Jusqu'à ce coffret d'ébène qui refuse de s'ouvrir en dépit de mes conjurations ; je l'ai jeté dans le feu... les flammes n'ont pu le mordre!... Il y a de la fée Ondine dans tout cela!... Mais ici... nous n'avons pas à craindre de la rencontrer entre nous et sa filleule ; aussi cette dernière succombera... Il ne te faudra recourir qu'à un seul expédient... expédient bien doux mais d'un effet irrésistible ·· lui faire respirer ce bouquet dont l'inhalation doit anéantir toutes ses résistances. (*Elle détache un bouquet de sa ceinture et le remet à Frivolette.*)

FRIVOLETTE

Oh! le charmant bouquet!

      Air : *Fleur de bonheur.*

J'en admire et l'humble puissance
Et la richesse et la beauté,
Surtout s'il doit de l'innocence
M'assujettir la volonté.
O cassolettes parfumées
    Faites de pleurs,
Vous qui brillez de vingt couleurs,
Gardez vos armes embaumées,
    Petites fleurs.

DIAVOLINE

En parlant d'armes!... Comme il faut se défier de toutes les embûches, prends cette épingle d'or.

FRIVOLETTE

Je la reconnais!... La moindre piqûre faite par elle est suivie d'un trépas certain.

DIAVOLINE

Oui! mais d'un trépas qui se produit lentement et cette lenteur nous est utile; car un arrêt du destin m'a prévenue qu'une seule créature venant à mourir dans ce domaine par un effet de ma volonté, ça serait ma perte immédiate.

FRIVOLETTE

Alors! quel usage ferai-je de cette épingle?

DIAVOLINE

Si, parmi les invitées qui vont se rendre à notre appel, tu croyais reconnaître une ennemie, fais-lui bon visage; offre-lui même une fleur; mais, pour la

fixer dans sa chevelure, sers-toi de l'épingle magique... et qu'elle soit légèrement piquante...

FRIVOLETTE

Compte sur moi !... Mais, en attendant, j'ai hâte
d'essayer de mon autre talisman... du bouquet mira-
culeux... et je cours chercher ma cousine.

DIAVOLINE

Va! ma protection t'accompagne. (*A peine sont-
elles sorties que la fée Ondine s'échappe de la fontaine
du fond.*)

SCÈNE IV

ONDINE, SENSITIVE

ONDINE

Tu as oublié, Diavoline, que l'eau est mon élément... et qu'à l'aide de cette fontaine je pouvais
pénétrer dans ton palais!... Sensitive, viens sans
crainte. (*Sensitive en toilette de grande dame arrive par
le chemin qu'a suivi la fée.*)

SENSITIVE

Combien je vous remercie, bonne fée, de vos soins
maternels et du stimulant que vous donnez à mon
courage!

ONDINE

J'agis de la sorte avec toi, parce que tu es une
nature d'élite, que seule à la ferme tu as aimé
sans égoïsme ma filleule Fine-Rosée, et que je veux
me servir de toi pour m'aider à la sauver.

SENSITIVE

Comptez sur moi! Mais où suis-je ici?

ONDINE

Dans le palais des Mentana, l'héritage de Fleur-
de-Mai, pour l'instant occupé par Diavoline et sa
nièce qui veulent en devenir les maîtresses à tout
prix. Tu as voulu revoir Fine-Rosée; je t'ai conduite
ici par les couches souterraines qui dépendent de
mon élément : tu vas te mêler aux dames du voisinage, invitées pour la fête. Mais rappelle-toi qu'en
ce lieu Diavoline est toute-puissante : je ne puis rien
dans sa demeure, tant qu'elle ne viole pas les ordres
de la destinée.

SENSITIVE

Je vous promets une prudence entière.

ONDINE

Sur cette promesse, je te quitte!... Un dernier
mot; si quelque péril te menaçait, précipite-toi sans
crainte dans l'un des cours d'eau qui rafraîchissent
le parc : c'est mon domaine à moi... Là, je pourrai
te venir en aide.(*Ondine s'en va par le chemin où elle
est venue.*)

SCÈNE V

SENSITIVE, NINICHE

NINICHE, *dehors.*

Que les gensses et les animaux soient prêts pour
la fête.

SENSITIVE

Cette voix! Je ne me trompe pas!... c'est Niniche.

NINICHE

Notre demoiselle! Comment que vous avez-t'y fait
pour entrer ici?

SENSITIVE

Grâce à cette toilette, qui d'une paysanne a fait une personne de bonne compagnie, j'ai pu m'introduire dans cette propriété ; mais réponds-moi : Pourrai-je voir Fine-Rosée ? Se porte-t-elle bien ? En un mot, êtes-vous heureuses ?

NINICHE

Horriblement heureuses ! On fait tout ce qu'on veut... sauf qu'on n'ose rien se permettre dans la crainte d'être grondées. J'sommes libres de nous voir tout à l'aise, sauf qu'on n'ose rien se dire parce que nos deux geôlières sont toujours sur nos dos. Notre demoiselle, voyez-vous, je me jetterions dans le feu pour la retirer de l'eau... je donnerions six doigts de ma main pour la quitter jamais.

SENSITIVE

Penses-tu qu'elle sera contente de me voir ?

NINICHE

Atrocement contente ! Moi que je sommes déjà terriblement satisfaite de vous rencontrer, ayez la réfléchissure de croire qu'elle sera plus affreusement joyeuse que moi-z-encore !... Justement j'apercevons une ombre noire qui se faufile dans les arbres verts : c'est sa robe blanche... Je courons au-devant d'elle... ça sera toujours la moitié du chemin de fait.

SCÈNE VI

SENSITIVE, FINE-ROSÉE

SENSITIVE

C'est elle en effet ! Je reconnais ma petite chevrière sous ce costume qu'elle semble avoir toujours porté !... FineRosée !

FINE-ROSÉE, *accourant.*

Sensitive! Oh! c'est un miracle de te voir! Je ne pouvais en croire Niniche qui m'annonçait ta présence! Mais comment cela se fait-il? Et que signifie cette transformation?... Dis-moi ce qui s'est passé.

SENSITIVE

C'est tout une histoire! Après ton départ, la ferme est devenue bien triste... Ma mère regrettait sa conduite envers toi... Pour ma part j'étais bien chagrine. Enfin nous revîmes la Bohémienne qui te donna ce collier. Cette Bohémienne nous expliqua tout, et nous apprit qu'elle était ta marraine.

FINE-ROSÉE

Quoi! la fée Ondine?

SENSITIVE

Ce matin, ma mère était absente!... La fée m'apparut! « Suis-moi », me dit-elle!... Elle me recouvrit de ce vêtement, m'introduisit dans ce domaine! « Je ne puis rien de plus », ajouta-t-elle!... « Tu es sur le territoire de nos ennemis communs; sois prudente et crains les pièges. »

FINE-ROSÉE

Sensitive, je crains, que, reconnue, on ne t'entoure de trahisons. Je veux te protéger à mon tour!... Ce collier, qui jusqu'à présent a été ma sauvegarde, prends-le! Qu'il te garantisse des dangers que tu pourrais encourir.

SENSITIVE

Mais toi?

FINE-ROSÉE

Aujourd'hui fête... et au milieu de la foule... je ne crains rien. (*Elle lui passe le collier.*)

SENSITIVE

On vient de ce côté! Je ne m'abuse pas!... C'est Frivolette.

FINE-ROSÉE

Je t'en prie, évite sa présence!... Cours te mêler aux invitées!... Pour qu'elle ne te rencontre pas, je reste ici... Je vais la retenir.

SENSITIVE

Tu es bonne!... Mais va, nous te sauverons!... La fée me l'a dit. (*Elle sort vivement.*)

SCÈNE VII

FRIVOLETTE, FINE-ROSÉE

FRIVOLETTE, *entrant.*

Elle est seule! Que me contait donc cette imbécile de Niniche, qu'elle avait vu Sensitive dans le parc! (*Haut.*) Quoi! chère cousine!... Vous vous promenez seule... à l'écart... loin de tout ce monde qui vient pour vous connaître?

FINE-ROSÉE

Je n'étais pas seule!... J'étais en conversation

FRIVOLETTE

Avec qui?

FINE-ROSÉE

Avec mes souvenirs... qui me reportaient dans la ferme où j'ai passé mon existence.

FRIVOLETTE

Il faut chasser ces médiocres retours vers un temps qui forme une ombre dans la clarté lumineuse de votre vie!... Soyez au présent!... soyez

l'héritière des Mentana... Et tenez... en vous cherchant, ma cousine, je me suis amusée à vous cueillir
ce bouquet, que je vous prie d'accepter comme un
gage de l'amitié que je vous porte.

FINE-ROSÉE

Vous êtes·bien aimable, ma cousine!... (*Respirant
le bouquet.*) C'est étrange!... Quelle émotion singulière! (*Riant nerveusement.*) Ah! ah! ah! est-ce
drôle!... Figurez-vous, ma cousine, que je ne pouvais
pas vous souffrir... ah! ah! ah!... Je vous fuyais!...
je vous croyais méchante, sournoise, une ennemie
enfin!... Ah! ah! ah! maintenant c'est tout changé!...
je vous trouve aimable, enjouée, gentille au possible!... Ma cousine, disposez de moi, mon cœur vous
est ouvert... Oh! le joli bouquet... je vais le montrer à tout le monde. (*Elle sort toute joyeuse.*)

SCÈNE VIII

FRIVOLETTE, SENSITIVE

FRIVOLETTE

Le bouquet magique a produit son effet, maintenant elle sera mon esclave.

SENSITIVE, *entrant.*

Je n'ai pas revue Fine-Rosée!... Serait-elle restée
ici?... Voilà l'endroit où je l'ai quittée.

FRIVOLETTE, *à part.*

Sensitive! Niniche ne me trompait pas!... Feignon
de ne pas la reconnaître. (*Haut.*) Vous cherche
quelqu'un, belle dame?

SENSITIVE

Frivolette! Comment me tirer de là?

FRIVOLETE

Je suis la princesse Frivolette, nièce de la propriétaire de ces domaines ! Je n'ai pas besoin de vous demander qui vous êtes !... A la richesse de votre costume, on trouve en vous l'une des aimables châtelaines de nos environs.

SENSITIVE, *à part.*

Les atours de la fée Ondine m'empêchent d'être reconnue.

FRIVOLETTE

Voulez-vous m'accepter comme compagne pour faire un tour de jardin ? Mais avant... permettez que dans votre coiffure, simple et de bon goût, je place cette rose de Bengale... et que je l'y maintienne à l'aide de cette épingle diamantée que je vous prierai de garder ensuite comme un souvenir de moi.

SENSITIVE

Je suis en vérité confuse de tant d'honneur. (*Frivolette cueille une fleur sur un buisson et tire son épingle magique.*)

FRIVOLETTE

Voyez comme cette fleur est belle... et comme elle s'harmonise avec votre teint ! (*La fixant avec l'épingle.*) Oh ! pardon ! je crains de vous avoir piquée !

SENSITIVE

Nullement.

FRIVOLETTE, *à part.*

Comment se fait-il qu'elle soit insensible aux blessures de cette arme enchantée ? Oh ! ce collier !... C'est celui de Rose-de-Mai ! voyons s'il la protégera.. Plus de ménagements. (*Elle la pique une fois encore*).

4

SENSITIVE

Puisque vous m'en faites don!... veuillez me confier cette épingle... Je la fixerai moi-même...

FRIVOLETTE

Je ne le souffrirai pas... (*En voulant éloigner l'épingle elle se blesse à la main.*) Damnation!... Je me suis piquée sans le vouloir!... Ah! un engourdissement mortel envahit tout mon être!... Je suis perdue.(*Elle s'enfuit accablée par la droite.*)

SENSITIVE

Qu'a-t-elle donc? (*Elle sort sur ses traces.*)

SCÈNE IX

DIAVOLINE, SENSITIVE, ONDINE

DIAVOLINE, *entrant.*

Je ne sais quelle voix secrète m'attire de ce côté!... Où donc est ma nièce? (*Regardant à droite.*) Qu'aperçois-je? Frivolette immobile et pâle, étendue sur un tertre!... Sensitive à genoux près d'elle et s'assurant qu'elle ne respire plus.

SENSITIVE, *entrant.*

Mais elle est morte! J'ai peur.

DIAVOLINE

Tu l'as tuée? Oh! ma vengeance sera terrible. Génies du feu, vous qui m'êtes liés par un contrat infernal, venez à mon aide.

ONDINE, *apparaissant.*

Il est trop tard! Le destin t'avait prévenue qu'une seule créature succombant dans ce domaine par un effet de ta volonté, tu perdrais ta puissance! Ta nièce est morte des suites de ton agissement haineux! Va la joindre aux enfers.

DIAVOLINE

Malédiction!... (*Elle se sauve affolée*).

SCÈNE X

FINE-ROSÉE, MARTHE, NINICHE

NINICHE, *dehors*.

Par ici, mesdames! Par ici, notre demoiselle! Je les apercevons. (*Fine-Rosée entre suivie des invitées.*)

FINE-ROSÉE

Sensitive! ah! tu es sauvée.

SENSITIVE

Oui! grâce à la protection de la fée Ondine.

FINE-ROSÉE

Ma bonne marraine!

ONDINE

Mes enfants! vous êtes à l'abri des épreuves! Le génie des Eaux a vaincu l'esprit du Feu! Diavoline et Frivolette ne vous inquiéteront plus!... Ce domaine, qu'ils détenaient au détriment de sa légitime héritière, revient à Rose-de-Mai, dite Fine-Rosée, ainsi que le prouveront les documents que nous saurons bien retrouver.

MARTHE, *accourant*.

Les voici!... En suivant vos instructions à la lettre, j'ai retrouvé le coffret que je remets entre les mains de la fille des Mentana.

ONDINE

Marthe a racheté sa faute par son dévouement !...
Fine-Rosée, bonne et riche, fera la fortune de celles
qui l'aiment !... Pardon et bonheur pour toutes.

NINICHE

Me v'là donc dev'nue la sœur d'une princesse !

FIN

LA FÉE DU 5e ÉTAGE

COMÉDIE-VAUDEVILLE EN UN ACTE

———

PERSONNAGES

GARÇONNETTE, orpheline.
CARITAS, fée.
NICHETTE, paysanne.
PALMYRE, ouvrière.
ROSALBA, fille légère.
CLORINDE, femme de chambre.

———

La scène se passe à Paris, dans un hôtel meublé.

LA FÉE DU 5ᵉ ÉTAGE (Page 67 — Scène I.)

LA FÉE DU 5e ÉTAGE

Une chambre d'hôtel meublé. Porte au fond; un buffet. Une table. Deux chaises.

SCÈNE PREMIÈRE

GARÇONNETTE, *seule.*

Décidément, la chance est contre moi!... Vas à Paris, m'avait dit ma tante!... Voici l'adresse de ta cousine!... Elle te casera quelque part!... Tu sauras bien te conduire! ce n'est pas pour rien qu'on te nomme Garçonnette! Voilà dix francs!... ça paiera ton voyage et ça te donnera le temps de te caser... » Je ne suis pas casée... et les dix francs n'existent plus!... Tiens! qu'est-ce que c'est que ça? Du plâtre! des copeaux! de la limaille! Est-ce qu'en mon absence on établirait un atelier de construction dans ce logis? Ça ne vient pas du ciel. Le plafond m'en intercepte la vue!... Quant aux murailles!. (*Les heurtant.*) Attention! Je frappe chez ma voisine fraîchement installée... qui ne sort qu'avec un voile? Que vois-je sur ce buffet? Un gant?... Serait-ce un défi?... Démon familier, qui que tu sois, ton gant, je le relève. (*La muraille s'ouvre. Caritas en costume de fée paraît.*)

SCÈNE II

CARITAS, GARÇONNETTE

CARITAS

J'accepte le combat!... Duel de femmes.

GARÇONNETTE

A notre époque!... En plein Paris!... Un tel cos-

tume vous transporte en carnaval ou dans un théâtre
de féerie.

CARITAS

Je suis cependant une véritable créature. Je me
nomme Caritas.

GARÇONNETTE

Ce qui veut dire : Bienfaisance ! La figure est
heureusement choisie.

CARITAS

N'est-ce pas sous des traits féminins que se per-
sonnifie l'humanité ?

Air : *De la liberté des théâtres.*

Le choix du sexe, dit charmant,
N'est pas sans doute une chimère :
C'est dans le sexe de ta mère
Que le sort mit du dévoûment.

La crèche, où tel enfant qui naisse
Se voit reçu... juif ou chrétien
L'asile ouvert à la jeunesse,
C'est une femme qui les tient.

Celle qui bravant le souci
Au nouveau-né sert de nourrice,
De même que l'institutrice...
N'est-ce pas une femme aussi ?

Celle qui, sans but mercantile,
Avec son âme étant d'accord,
Sait patronner une œuvre utile...
N'est-ce pas une femme encor ?

Hantant les plus sombres séjours
La marquise au cœur secourable
Qui porte une aide au misérable...
N'est-ce pas la femme toujours ?

Quel nom donner à cette sainte,
La sainte sœur des douloureux,
Usant ses jours dans une enceinte
A secourir tous les fièvreux.

Ange d'amour et de bonté,
Dont la tendresse est éternelle,
La femme abrite sous son aile
La défaillante humanité.

GARÇONNETTE

Ces réflexions me semblent jolies, mais ne m'expliquent pas votre entrée dans mon domicile, sous un costume quelque peu fantasque... Auriez-vous l'obligeance de me dire qui vous êtes ?

CARITAS

La Fée du cinquième étage.

GARÇONNETTE

Vous me prenez pour une gamine qu'on berce avec des contes de Perrault.

CARITAS

Je vais te convaincre en te disant ce que tu es... Orpheline d'une honnête famille de Pontoise, tu restes avec une tante peu riche qui t'envoie à Paris rejoindre d'autres parents.

GARÇONNETTE

C'est vrai ! mais ces autres parents sont riches aujourd'hui ! Je me suis présentée chez eux, une domestique m'a reçue en leur absence en me disant de revenir ; ma fierté s'est trouvée blessée.

CARITAS

Cette fierté est mauvaise conseillère ! Te souvien tu de Clary!.

GARÇONNETTE

Ma cousine?... Nous étions presque du même âge;
on nous appelait les deux sœurs !... Je l'ai quittée
toute jeune !... A peine nous reconnaîtrions-nous
aujourd'hui.

CARITAS

Ma science divinatoire m'apprend que vous aimiez
à jouer la comédie ensemble !... Prenant des habits
dans la garde-robe de votre grand'mère, vous aimiez
à improviser des pièces enfantines.

GARÇONNETTE

Son esprit inventif créait tous ces rôles; aussi estelle aujourd'hui quelque chose comme une artiste.

CARITAS

Pourquoi n'as-tu pas cherché à la revoir ?

GARÇONNETTE

Pour qu'elle me traite comme une servante, non !
non ! J'aime mieux retourner au pays, ou m'associer
à l'existence d'une paysanne, d'une ouvrière, d'une
n'importe quoi.

CARITAS

Je te prends au mot !... Je vais faire défiler
devant toi la paysanne, l'ouvrière, la n'importe quoi !
Si tu trouves dans l'une d'elles l'idéal de tes rêves,
tu lui remettras cet anneau.

GARÇONNETTE

C'est un diamant que vous me donnez là?... Ça
devient véritablement de la féerie.

CARITAS

L'épreuve commence à l'instant même.

GARÇONNETTE

Établissons le programme !... J'ignore votre titre
définitif !...Mais enfin vous m'avez convaincue en me
disant des vérités intimes ; or vous devez comprendre que lorsqu'on a comme moi la mise négligée, le
porte-monnaie vide et l'estomac semblable...

CARITAS

J'y pourvoirai !... Ne crains rien et dès ce moment
souviens-toi qu'il existe entre nous deux une chaîne
dont cette bague est le premier anneau. (*Caritas
disparaît en traversant la muraille.*)

SCÈNE III

GARÇONNETTE, *seule*

Voilà une entrée et une sortie exécutées par un
chemin peu naturel. Pas la moindre ouverture... à
moins que ça ne se dissimule dans la boiserie...Dans
ce cas je m'expliquerais les fragments de plâtre et
de bois trouvés dans ma chambre... Mais qui perce-
rait ainsi le mur et dans quel but ? Ça ne peut être
ma voisine. Je ne la connais pas ; quand nous nous
croisons, elle abaisse soigneusement son voile !...
(*Après un moment de réflexion.*) La Fée du cinquième étage ! Que signifie ce costume ? Cette apparition mystérieuse ? Cette bague ? C'est à n'y rien
comprendre ! Cependant ces traits-là ne me sont pas
inconnus !... Elle m'a parlé de mon pays, de ma
famille, de mes souvenirs d'enfance !... Non ! comme
je l'ai dit ! Je ne retournerai voir ni ma tante ni ma
cousine qui depuis mon arrivée à Paris n'ont donné
ni signe de vie ni nouvelle et ne se sont pas occu-
pées de moi !... J'aimerais mieux, comme je le lui

assurais, m'attacher au sort d'une paysanne, d'une
ouvrière, d'une n'importe quoi, plutôt qu'à la suite
d'une bourgeoise qui me traiterait comme sa domestique... Je vous tiens, bonne fée ! Vous m'avez dit que
vous alliez faire défiler devant moi les personnes des
trois catégories que j'énumérais un peu follement,
ainsi que les choses essentielles qui me manquent!.
Pour tromper vos prédictions, je me confine dans ce
logement, je doute que la fortune vienne m'y chercher. (*On frappe.*) Qui peut venir? Je ne connais personne !...Ah ! sans doute la femme de ménage.

SCÈNE IV

GARÇONNETTE, NICHETTE

(*La porte ouverte, entre Nichette en paysanne*)

GARÇONNETTE

C'est-y pas ici mamzelle Garçonnette?

GARÇONNETTE, *à part*.

Tiens! La paysanne annoncée!...

NICHETTE

Répondez pas tous à la fois si c'est possible.

GARÇONNETTE

C'est moi la personne que vous demandez.

NICHETTE

Alors, d'un mot vous allez me connaître...(*Faisant
la révérence.*) J'arrive de Pontoise.

GARÇONNETTE, *à part*.

Elle en a bien l'air.

NICHETTE

Vous connaissez la mère Blaise?

LA FÉE DU 5ᵉ ÉTAGE

GARÇONNETTE

J'ai une tante de ce nom.

NICHETTE

Elle m'a donc dit qui me dit dit-y... « La Ni-chette !... » Nichette, c'est moi...

GARÇONNETTE

C'est drôle que vous connaissiez ma tante, que ma tante vous connaisse et que vous me soyez incon-nue !... Inconnue n'est pas le mot !... J'ai vu votre visage quelque part.

NICHETTE

Votre tante m'a donc dit qui me dit dit-y : « Serclε ma nièce Garçonnette ; je sais pas où, mais à Pαιs on se trouve sans doute aisément. Tu lui donnerα de ma part ce flacon de vin, cette part de gâteau... et une andouillette !... Voilà mamzelle l'andouillette

GARÇONNETTE, *à part.*

La paysanne et le déjeuner !... Première prédic tion de la fée !... C'est assez drôle ! (*Haut.*) Posez ces produits sur cette table... et pendant que je vais y goûter, contez-moi ce que vous faites au pays. (*Garçonnette s'assied et mange.*)

NICHETTE

A Pontoise ? Je suis rosière !... Je suis la nièce de mon oncle, n'est-ce pas ? Eh ! bien ! mon oncle cul-tive des rosiers... moi je les greffe.

Air : *Rossignolet du bois sauvage.*

Dès que l'oiseau dans la feuillée
    Dit sa chanson ;
Puis, quand chacune à la veillée
    Module un son,

Faisant tricot, glane ou cueillette
  Sans sourciller,
Je dis : Pour qu'on t'aime, ô fillette,
  Faut travailler.

GARÇONNETTE

Maintenant! dites-moi ce que vous venez chercher à Paris?

NICHETTE

La fortune! On m'a dit dit-y que ça se trouvait
facilement.

GARÇONNETTE

Non ma sœur!... A Paris tout se perd!... Vous
me paraissez une brave fille!... Votre visage exprime
la franchise. Si vous voulez retourner à Pontoise
avec moi, m'engager avec vous dans la culture des
rosiers, je vous fais cadeau de cette bague.

NICHETTE

Voyons!... C'est de la vraie or?

GARÇONNETTE

J'aime à le croire.

NICHETTE

Oh! donnez-la moi! Je la vendrai et, avec l'argent,
je m'achèterai des belles robes, des falbalas!... J'irai
au spectacle, à la promenade...

GARÇONNETTE

Encore une comme tant d'autres! Moi qui la
croyais naïve. Allez-vous-en, fille curieuse...Je con-
serve ce bijou pour une autre.

NICHETTE

Ça m'est bien égal! C'est une pierre fausse.

Air : *Voltaire chez Ninon.*

Continuez votre festin.
Lorsque j'irai voir votre tante,
En apprenant votre destin
Sans doute elle sera contente.
Je vois déjà son beau transport
Quand je dirai, moi, simple fille :
« Votre nièce, en mangeant du porc,
A cru se voir dans sa famille. »

(Elle sort en riant et en fermant bruyamment la porte.)

SCÈNE V

GARÇONNETTE, *seule.*

C'est encore elle qui me raille…après m'avoir fait plaisir un moment ; néanmoins sa visite m'a fait également profiter d'une victuaille qui m'était devenue nécessaire. Ai-je bien le droit de me servir de ces aliments que je n'ai pas payés… Sans doute puisque c'est ma tante qui me les envoie !… Mais est-ce bien sûr qu'ils viennent d'elle ? Cette Fée, apparition bizarre, douteuse encore, a cependant raison dans la première partie de ce qu'elle m'annonce !… Elle me prédit la paysanne ! La paysanne apparaît !. J'allais me laisser prendre à son air naïf… quand j'ai reconnu que cet air naïf cachait un fond d'égoïsme !… La paysanne ne me réussit pas !… Reste l'ouvrière !… Celle-là du moins c'est la travailleuse modeste et simple ; celle qui n'a d'autre ressource qu'un labeur obstiné ; qui ne porte pas de robes à ballons ni de chapeaux élevés d'un mètre au-dessus de la tête.

Air : *Exploits de César.*

Laborieuse,
Sage et rieuse,
L'humble ouvrière a peur des grands ébats.
Bonne et fidèle,
C'est toujours d'elle
Que l'on obtient le bonheur ici-bas.

Cherchant d'abord une carrière à suivre
Avec laquelle on doit fort peu briller.
Elle est contrainte à travailler pour vivre,
Puisque sur terre on vit pour travailler.
Sans un murmure
Sa beauté mûre
Passe incarnate en ses frais rejetons ;
Tout embaumée
D'effluve aimée
C'est une fleur qui vit dans ses boutons.

L'emploi dès lors n'est plus honorifique.
On doit secours à des aïeux tremblants
Mais on jouit d'un tableau magnifique
Des cheveux blonds... mêlés aux cheveux blancs.

Laborieuse, etc.

Voilà qui est bien entendu ! Je me trace un programme et je le suis à la lettre !... Je ne bouge pas
de cette chambre !... Par un hasard que ma faible
expérience ne peut encore expliquer, un déjeuner...
presque surnaturel... a pu me venir par l'intermé-
diaire d'une campagnarde... qui ressemble beaucoup
à une personne de la ville... Mais ce qui me manque
ne saurait venir de la même façon. (*On frappe.*) Est-ce
que la Fée m'enverrait le démenti ? (*Coups redoublés.*)

Voilà! Voilà! (*Elle ouvre. Entre Palmyre, robe simple et bonnet, portant un paquet enveloppé d'une toilette noire et carton.*)

SCÈNE VI

GARÇONNETTE, PALMYRE

PALMYRE

Pardon! Je crois me tromper de porte.

GARÇONNETTE

Effectivement... si vous cherchez la Porte Saint-Denis.

PALMYRE

Suis-je à l'étage au-dessus..... ou à celui d'en dessous?

GARÇONNETTE

C'est ici le comble de la maison... et de l'infortune pour ceux qui l'habitent.

PALMYRE

Alors, je suis bien chez Mˡˡᵉ Garçonnette?

GARÇONNETTE

Je ne savais pas être à ce point connue... A qui donc ai-je l'avantage de parler?

PALMYRE

Je me nomme Palmyre!... Ouvrière chez Mᵐᵉ Duval votre couturière, qui me charge de vous apporter cette robe que vous lui avez commandée?

GARÇONNETTE, *à part.*

Une ouvrière et des vêtements!. Le second paragraphe de la prédiction fantastique!... Ah çà! mais cette mystérieuse inconnue serait-elle véritablement une fée de profession?

PALMYRE

En montant, la pipelette m'a chargée de vous remettre ce chapeau, que la modiste avait déposé chez elle.

GARÇONNETTE

Un chapeau? Pour moi? (*Regardant Palmyre.*) Oh! mon Dieu! ces traits!... Toutes les personnes se ressemblent donc aujourd'hui. (*Haut.*) Vous vous appelez Palmyre, m'avez-vous dit?... Plus je vous examine... et plus il me semble que vous ne m'êtes pas inconnue!

Air: *Pleurons tous à qui mieux mieux.*

Répondez-moi, chère Palmyre,
Si du moins vous me comprenez.
Plus je vous vois et vous admire,
Plus mes regards sont étonnés
En vous trouvant des yeux... un nez...

PALMYRE

Dites ce qu'il faut que j'augure
De la trouvaille que voici.

GARÇONNETTE

Je crois avoir vu ces traits-ci,
Dejà, sur une autre figure.

PALMYRE

Vous vous trompez sans doute, car je n'ai jamais eu de famille.

GARÇONNETTE

Revenons à ce qui vous amène; vous aurez l'obligeance de remporter cette robe et ce chapeau; je n'ai rien commandé à Mᵐᵉ Duval que je ne connais pas, non plus qu'à la modiste qui n'a même pas laissé son nom.

PALMYRE

Dites donc, je ne suis pas une voleuse.

GARÇONNETTE

Je le suppose, puisque vous fournissez ce qu'on ne vous commande pas.

PALMYRE

Je suis une simple ouvrière, de celles qui n'ont que leurs dix doigts pour dot.

GARÇONNETTE

Surtout si l'un de ces doigts portait une bague de ce genre comme parure.

PALMYRE

Voyons! Oh! qu'elle est belle!... Je donnerais volontiers dix francs pour en avoir une semblable.

GARÇONNETTE

Que feriez-vous si vous la possédiez?

PALMYRE

Je la vendrais, donc! Elle a l'air de valoir plus de quatre sous!... Avec les noyaux que j'en saurais tirer, je me payerais un joli vêtement, j'irais aux bals, aux spectacles, et je ne travaillerais que quand je ne pourrais pas faire autrement.

GARÇONNETTE

Encore une désillusion!... Allez, ma belle amie!... Travaillez en attendant un bijou pareil à celui-ci que vous n'obtiendrez pas de ma libéralité.

PALMYRE, *chantant.*

En attendant qu'on me fasse marquise,
Courons cueillir des bluets dans les blés.

(*Elle sort en riant et en laissant Garçonnette tout ébahie.*)

SCÈNE VII

GARÇONNETTE, *seule.*

Deuxième édition de moquerie!... Qui de trois
retire deux, reste une!...J'attends donc encore une
visite! Avouons entre nous avec tout le bon sens possible qu'il se passe ici quelque chose de singulier!...
Je vois pénétrer dans ce domicile une personne au
costume léger, laquelle se dit fée et me promet trois
visites, accompagnant trois espèces de secours!...
J'en ai déjà reçu deux!... C'est à croire au Petit
Poucet ou à la Belle au bois dormant!... Néanmoins
la dernière a lieu de me surprendre... Cette robe
faite sur commande... sans m'avoir pris mesure!...
Ce chapeau déposé chez la concierge par une modiste
que je n'ai jamais vue et qui envoie sa marchandise
sans facture!... Tout cela compose un mystère dont
je suis loin d'avoir la clé... Il se trouve que j'ai fait
un déjeuner champêtre... Voici maintenant le nécessaire pour changer de toilette : l'un m'est apporté
par la paysanne, le second par l'ouvrière; il me
manque le porte-monnaie, je devrais donc m'attendre
à une troisième vision... la n'importe quoi... qui
m'apporterait le métal complémentaire pour justifier
les prédictions de ma fée protectrice! Ah! je suis
folle!... Tout cela n'est que le produit d'un hasard
étrange!... Ce chapeau... cette robe... leur propriétaire véritable viendra les réclamer. (*Ouvrant le*

carton à chapeau.) Il paraît joli!... Ça m'irait-il? Parbleu! comme à une autre!.. Voyons un peu! (*Elle met le chapeau en se mirant dans une petite glace. La porte s'ouvre brusquement. Entre Rosalba en toilette tapageuse.*)

SCÈNE VIII

GARÇONNETTE, ROSALBA

ROSALBA

Ne te dérange pas! c'est moi! la porte est ouverte : ça veut dire : entrez!

GARÇONNETTE, *à part.*

Mon Dieu! cette toilette! cette tournure excentrique! serait-ce?...

ROSALBA

Ah! pardon! jeune fille! je ne vous voyais pas!... vous faites antichambre?...

GARÇONNETTE, *à part.*

Ce visage qui ressemble à...

ROSALBA

Va-t-elle bientôt rentrer?

GARÇONNETTE

Qui?

ROSALBA

Elle, parbleu!

GARÇONNETTE

Mais, mademoiselle... ou madame! vous êtes chez moi.

ROSALBA, *riant.*

Ah! ah! ah!... la farce est bonne!... Ah! ah! ah!

5.

comment je suis!... ah! ah! ah! (*Elle s'assied en riant.*)

GARÇONNETTE, *à part.*

Pour une femme rigolette... en voilà une!

ROSALBA

Il y a longtemps que vous habitez ce perchoir?

GARÇONNETTE

Ce perchoir?... Mais voilà bientôt huit jours que...

ROSALBA

Je comprends tout!... Il y en a quinze qu'il était occupé par une de mes amies!... Zaza de la Housse-Pignole.

GARÇONNETTE, *à part.*

Un nom diablement panaché.

ROSALBA

Elle me dit un jour : Rosalba! (*Faisant une révérence.*) Rosalba de la Roche qui tremble!... ici... devant vous.

GARÇONNETTE, *à part.*

La roche qui tremble!... ça ne doit pas être quelque chose de bien solide. (*Haut.*) Madame... ou mademoiselle... exerce une profession?

ROSALBA

Je fais... n'importe quoi.

GARÇONNETTE, *à part.*

Dieu!... Ma troisième catégorie.

ROSALBA

Zaza me dit donc un jour : Amasse cinq cents francs!... viens me chercher... nous irons aux eaux.

GARÇONNETTE
Z'eaux eaux z'avec Zaza?

ROSALBA
Naturellement!... Et la voilà partie sans m'attendre!... où la retrouverai-je maintenant? Ah! ma foi! tant pis!... Pourquoi n'est-elle plus là? Nous allons rire comme deux folles, et jeter l'argent par les fenêtres.

Air de contredanse.

Quand le plaisir tient l'aviron.
Des rigoleurs suivons la foule.
A larges flots, que l'argent roule.
C'est pour cela qu'on le fit rond.
Semons la vie à pleine main.
C'est dans les lois de la nature.
L'oiseau, mangeant sa nourriture,
Ne songe pas au lendemain.

GARÇONNETTE
Voilà l'existence! les uns gaspillent ce que d'autres n'ont même pas pour leurs besoins.

ROSALBA
Avez-vous des pauvres dans votre maison? Il faut toujours commencer par une bonne action la journée qui se termine souvent par une mauvaise.

GARÇONNETTE, *à part.*
Tête de ouate et cœur d'or.

ROSALBA
Tiens! la jolie bague que vous avez là! Voulez-vous me la vendre?... Une idée!... je vous la joue contre mes cinq cents francs!... En un seul coup de dés.. J'en ai toujours dans ma poche.

GARÇONNETTE

Mais madame... ou mademoiselle!... (*A part.*) C'est drôle que j'ai vu cette femme-là quelque part.

ROSALBA

Je commence. (*Roulant les dés.*) Deux! à vous!

GARÇONNETTE

J'ai la main forcée. (*Roulant les dés et les jouant.*) J'agis sans savoir ce que je fais.

ROSALBA

As! (*Reprenant les dés.*) A moi la bague! à vous 'argent. (*Elle lui prend sa bague au doigt.*)

GARÇONNETTE

Permettez! pas si vite, je vous prie!... Comment peut-on faire as avec deux dés?

ROSALBA

Maintenant qu'ils sont enlevés, comment voulez-vous faire la preuve?

GARÇONNETTE

Quelle personne étonnante vous faites!... Quel dommage qu'avec un cœur si bon vous ne songiez pas que la vie est un océan sur lequel notre barque est exposée à bien des naufrages.

ROSALBA

L'existence? C'est un chemin fleuri qu'on parcourt en vélocipède jusqu'à ce qu'on trébuche... Gare devant!

Air : *Vie parisienne.*

Il se peut qu'un jour pour moi naisse
Le besoin des gens de métier,
Si j'accroche ainsi ma jeunesse
Aux buissons de chaque sentier.

J'attends que le mot : impossible
Vienne dire enfin : C'est assez !
D'ici là jeunesse insensible
Ainsi que moi, sautez, dansez !
  Ah ! ah ! ah ! En cadence !
  On saute (*ter*), on danse (*ter*),
Chacun aux entrechats du joyeux rigodon.
  Digue ! din ! don !
Aux entrechats du joyeux rigodon.
  Chacun imite le dindon.

(*Elle danse, Garçonnette l'imite. Rosalba sort vive-ment.*)

SCÈNE IX

GARÇONNETTE, *seule.*

Allons, bien ! moi aussi, voilà que j'imite le dindon !
Tiens ! où donc est ma danseuse?... Partie ! Et son
argent qu'elle oublie... Madame... ou mademoiselle !
La porte est fermée au dehors !... Me voilà enfermée...
comme un oiseau dans une cage!... Avouons que ma
position est singulière !... La fée... car maintenant
aucun doute n'est possible... c'est bien une fée... la
fée donc me promet trois visites, composées de trois
espèces différentes de la grande famille !... Je man-
quais de nourriture, de vêtement et de monnaie : la
paysanne me fournit le déjeuner, l'ouvrière l'habil-
ment et la... n'importe quoi, l'argent en papier...
Que puis-je attendre à présent?... Et comment sortir d'ici?... Je suis enfermée, et ma voisine est rare-
ment chez elle!... Ce qui m'arrive est étrange!... Je
me souviens que quand nous jouions ensemble avec
Clary... elle me racontait une histoire ressemblant
à ce qui se passe... Souvenirs d'enfance... qui ne
sont pas encore bien éloignés.

Air de : *Renaudin de Caen.*

Étant petites toutes deux,
Notre existence était unie.
Nos parents aimaient l'harmonie
Que nous semions au milieu d'eux.

Habitant la maison voisine,
Les soirs ainsi que les matins,
Dans le grand bois qui l'avoisine
On nous voyait, heureux lutins.

Dans nos jeux parlés ou muets
Je la traitais comme une reine
Et la coiffais en souveraine
D'une couronne de bluets.

Quand, trop jolie, une fleurette
Semblait nous dire un tendre adieu,
Sa douce voix criait : — Arrête !
Ne brisons pas l'œuvre de Dieu.

Je grimpais haut, cherchant les nids
D'où s'échappaient des voix flutées ;
Je vois ses lèvres veloutées
Vous effleurant, oiseaux bénis.

Ces petits pleuraient leurs charmilles.
Alors Clary, dans sa bonté,
Les renvoyait à leurs familles
En leur donnant la liberté.

Nous trottinions par les chemins.
Sans avoir trop de gourmandise,
On voyait quelque friandise
Soit dans nos poches ou nos mains.

Lorsque Pierre ou Madelinette,
Pauvres enfants, passaient par là,
Ils emportaient notre dînette.
On s'embrassait après cela.

Étant petites toutes deux, etc.

Mais ces souvenirs datent de quelques jours déjà...
Et malgré mon désir de ne plus songer à Clary, je
regrette de quitter Paris sans l'avoir revue... On
frappe!... qui peut venir?... Entrez!... oh! ma clé
est sur la porte, veuillez donc ouvrir... (*A part.*) Ça
doit sembler drôle, une personne qui s'enferme
à double tour en laissant la clé dehors. (*Entre
Clorinde, enveloppée d'un peignoir à capuchon.*)

SCÈNE X

GARÇONNETTE, CLORINDE

CLORINDE

Pardon, mademoiselle...

GARÇONNETTE

Est-ce une illusion? Cette ressemblance!

CLORINDE

· Nous formons une association de jeunes filles qui
quêtons chez les dames en faveur des malheureux
du quartier...

GARÇONNETTE

L'intention est louable!... Seulement vous vous
adressez mal... je ne suis pas en mesure de venir au
secours de l'infortune...

CLORINDE

Peu ou beaucoup!... Nous acceptons avec la même
reconnaissance.

GARÇONNETTE

Attendez donc! (*Courant à la table.*) Voici cinq
cents francs!... Que vos pauvres en profitent.

CLORINDE

Si cela vous gêne!... La somme me semble un

peu forte... pour une jeune personne qui avoue elle-
même ne pas être riche.

GARÇONNETTE

Je ne veux rien garder de cet argent qui me vient
d'une source que je n'ose qualifier.

CLORINDE

S'il vous plaît d'apposer votre nom sur cette liste
de bienfaiteurs...

GARÇONNETTE

Volontiers. (*Elle prend une plume et se met à par-
courir le cahier que lui a présenté Clorinde. Pendant
ce temps, celle-ci, restée un peu en arrière, enlève son
peignoir et reparaît dans le costume de fée de la deuxième
scène.*)

GARÇONNETTE

Voilà qui est fait. (*Reconnaissant la fée.*) Que vois-
je ? La fée !... avec cette même figure que je retrouve
à chaque visite !

CLORINDE

C'est qu'en effet Nichette, Palmyre, Rosalba, Clorinde, ne font qu'une seule et même personne.

GARÇONNETTE

La Fée du cinquième étage !

CLORINDE

Non ! Mais ta cousine Clary, ta compagne d'enfance, que ta fierté t'empêchait de revoir à cause de
l'inégalité des fortunes. J'ai voulu revenir la première et frapper ton imagination à l'aide d'un de
nos jeux de petites filles.

GARÇONNETTE

Quoi ! c'était un rôle ?...

CLORINDE

Quatre rôles! J'ai loué la chambre voisine; pendant tes absences, je fis pratiquer cette ouverture qui donnait accès dans cette pièce; c'est de là que, sous divers déguisements, j'ai pu voir quel usage tu ferais de ma bague.

GARÇONNETTE

Reprends-la! C'est à toi qu'elle revient.

CLORINDE

Je change de toilette... et je te conduis chez ma mère... qui nous attend, et qui te remettra personnellement cet anneau.

GARÇONNETTE

Clary! Tu n'es pas une fée, mais l'ange du bonheur.

CLORINDE, *au public.*

Air : *Des mains de Melpomène en pleurs.*

Chers auditeurs, nous désirons savoir
Si notre Muse est quelque peu coquette.
Car devant vous je reste sans pouvoir
Et ne conduis personne à la baguette.
Sans m'exprimer peut-être en bon français,
De vos vivats je désire un trophée.
Faites-nous donc entrevoir si la Fée
Aurait bien pu se prédire un succès.
Ah ! laissez-nous espérer un succès.

FIN

LE CHÊNE CREUX (Page 99 — Scène V.)

LE CHÊNE CREUX

COMÉDIE VILLAGEOISE EN UN ACTE

PERSONNAGES:

FRANÇOISE, fermière.
PHILIPPOTTE, sa voisine.
CLAUDINE, filleule de Françoise.
ANNETTE, nièce de Philippotte.

La scène a lieu dans un village de province.

LE CHÊNE CREUX

(Partie d'un hameau; au fond la campagne; à gauche, a maison de Françoise; à droite, celle de Philippotte.)

SCÈNE PREMIÈRE
CLAUDINE, ANNETTE

CLAUDINE

Annette ! Annette ! où que tu vas ?

ANNETTE

Dire à ma tante Philippotte qu'elle se dépêche de faire son herbe pour les lapins. C'est dans une heure que le coquetier passe avec sa voiture qui doit nous mener toutes les quatre au marché de la ville.

CLAUDINE

Elle va nous mettre en retard !... Moi je suis prête et ma marraine Françoise également.

ANNETTE

Oh ! ma tante va revenir et ne sera pas longue à sa toilette ! Quelle chance de voyager ensemble ! C'est bien convenu que nous allons nous acheter chacune une robe pareille qu'on nous fera de la même manière. Nous aurons deux bonnets semblables ornés de rubans d'une couleur uniforme

CLAUDINE

De façon à ce qu'on nous prenne pour les deux sœurs.

ANNETTE

Dame! Nous le sommes presque!... Toutes deux
orphelines! Recueillies, toi par ta marraine, moi par
ma tante, qui nous ont fait instruire toutes deux
dans la même pension. Aujourd'hui nous voilà
revenues près d'elles, sans cesser de nous voir...

CLAUDINE

Puisque nous restons voisines, nos deux maisons
se faisant face.

ANNETTE

Et que nos parents s'aiment autant que nous nous
aimons.

CLAUDINE

Quel bonheur!... Je vois le ciel en rose.

ANNETTE

Et l'avenir en bleu.

SCÈNE II

Les mêmes, PHILIPPOTTE

PHILIPPOTTE

Eh ben! eh ben! vous voilà déjà prêtes vous
autres!... Ça vous est ben égal que les lapins aient
ou non leur nourriture pourvu que vos jeunes ima-
ginations trottent par les chemins.

ANNETTE

Oh! ma tante! hâte-toi de t'apprêter! Le coquetier va venir avec sa voiture et, dame, il partira sans
nous s'il faut attendre, car il doit arriver à l'heure
au chemin de fer.

PHILIPPOTTE

Allez! allez! les fillettes!... Je serai prête encor
avant sa venue!... Ma toilette à moi n'est pas soi-
gnée comme la vôtre!... J'espère que vous voilà
pimpantes.

SCÈNE III

Les mêmes, FRANÇOISE

FRANÇOISE, *entrant.*

Et qu'elles ont ben raison!... Quand on est jeune,
on aime à se faire gentilles. Plus tard, on songe
à parer les autres; mais va poser ton herbe, la Philippotte, puis requinque-toi vivement tandis que je
vais tenir compagnie aux petiotes.

PHILIPPOTTE

Je ne demande que cinq minutes. (*Elle entre dans
la maison à droite.*)

SCÈNE IV

CLAUDINE, FRANÇOISE, ANNETTE

CLAUDINE

A la bonne heure! marraine!... ça n'est pas toi
qui nous mettras en retard!... Nous voudrions être
en route : tu ne le croiras peut-être pas?

FRANÇOISE

Je crois tout, mes enfants !... Est-ce qu'à votre
âge la moindre des choses n'est pas une grande
préoccupation? Vous êtes heureuses d'aller à la ville...
Pour le voyage d'abord...

ANNETTE

Et aussi, parce que nous allons acheter chacune
une toilette pareille.

FRANÇOISE

Moi, je suis contente d'y aller également pour consulter le notaire.

CLAUDINE

Le notaire? A quel propos?

FRANÇOISE

J'ai envie d'acheter le bout de terre qui sépare mes vignes de celles de la tante Philippotte!... De cette façon nos biens se toucheront tout à fait.

ANNETTE

Il me semble avoir entendu dire à ma tante qu'elle voulait l'acheter aussi.

FRANÇOISE

Ça se peut, mais comme j'en ai parlé la première, c'est à moi que ça revient.

CLAUDINE

Et pourquoi tiens-tu tant à cette pièce de terre?

FRANÇOISE

A cause du chêne creux.

ANNETTE

Le chêne creux? Cet arbre dont le feuillage verdit tout de même malgré qu'on puisse se cacher dans l'intérieur du tronc que le temps a vidé?

FRANÇOISE

Juste! S'il se couvre de feuilles en dépit de sa vieillesse, c'est parce qu'une fée bienfaisante se creuse un nid dans le corps du chêne qui reçoit par ce voisinage une sève qui entretient sa vie.

CLAUDINE

Oh! marraine! nous sommes déjà trop grandes

pour croire aux fées! A ton âge on garde ces contes-là pour amuser les enfants.

FRANÇOISE

Ta! ta! ta!.. Voyez-vous ces péronnelles! C'est nous qui payons pour les faire instruire et ça veut nous donner des leçons ensuite.

ANNETTE

Sans doute! Nous voulons vous faire profiter de ce que nous avons appris... et de ce qui vous a manqué.

FRANÇOISE

Allons! allons! c'est bien! Chacune est libre de croire ce que lui indique son sentiment ou son expérience! Je crois à la fée du chêne creux... et je n'entends pas qu'on se moque de ma croyance. J'aperçois Philippotte qui vient à nous!... Allez voir sur la route si le coquetier apparaît au loin.

CLAUDINE

Aussitôt que nous l'aurons aperçu, nous accourrons vous prévenir. (*Les jeunes filles sortent.*)

SCÈNE V

FRANÇOISE, PHILIPPOTTE

FRANÇOISE

Ces petites jambes! Comme ça trotte!... Les voilà bien loin!... Sont-elles heureuses! (*Philippotte sort habillée de sa maison.*) Déjà requinquée?... En effet tu n'as pas été plus de cinq minutes.

PHILIPPOTTE

Est-ce qu'à nos âges... et dans notre condition, on a besoin de se charger d'atours et de colifichets?...

Pourvu qu'on soit propre!... C'est l'essentiel!... Où sont donc les gamines?

FRANÇOISE

En avant sur la route!... à guetter la voiture.

PHILIPPOTTE

Laissons-les galoper!... Les jeunes avec les jeunes! Aussi bien, pendant qu'à la ville elles s'amuseront à regarder les magasins, nous deux, de notre côté, nous vaquerons à nos affaires.

FRANÇOISE

Bonne idée!... J'allais justement te proposer de venir avec moi chez le notaire.

PHILIPPOTTE

Chez le notaire? Tu m'as prévenue... J'allais t'offrir de m'y accompagner!... Et pourquoi vas-tu chez le notaire? Tu peux bien me le dire; je te raconterai pourquoi j'y vas.

FRANÇOISE

Pour acheter le lopin de luzerne qui se trouve au bout du champ de vignes, ce qui nous fera plus voisines encore que nous le sommes.

PHILIPPOTTE

Le terrain du chêne creux!... C'est de lui que tu parles ?

FRANÇOISE

Tout juste.

PHILIPPOTTE

Y a qu'un petit embarras, ma chère: c'est que je veux l'acheter aussi.

FRANÇOISE

Il n'y en a cependant qu'une des deux qui puisse l'avoir.

6

PHILIPPOTTE

Eh bien! ça sera moi, celle-là.

FRANÇOISE

A moins que ça ne soit ta voisine.

PHILIPPOTTE

Pourquoi donc que je ne l'aurais pas? Est-ce que mon argent vaut moins que le tien?

FRANÇOISE

Qui me défendrait de l'acheter? Tu n'es pas plus princesse que moi pour qu'on t'accorde des faveurs.

PHILIPPOTTE

J'y mettrai le prix qu'il faut pour l'avoir.

FRANÇOISE

J'en offrirai plus que toi pour ne point te le laisser.

PHILIPPOTTE

Quand je devrais vendre jusqu'à ma dernière nippe.

FRANÇOISE

Quand je devrais coucher sur la paille.

PHILIPPOTTE

Je ferai monter les enchères! Et si tu l'obtiens, je te ferai toutes les misères possibles.

FRANÇOISE

Si c'est à toi qu'on en fait l'adjudication et que je te rencontre seule dans un coin, je suis plus forte que toi, je te flanque une tripotée.

PHILIPPOTTE

Faudrait voir ça ! Nous serions deux.

FRANÇOISE

Créature sauvage !

PHILIPPOTTE

Monstre en cornette !

ANNETTE, *dehors.*

Ma tante !

CLAUDINE, *de même.*

Marraine ! (*A ce double cri, les femmes qui s'étaient rapprochées avec colère s'éloignent à chaque extrémité de la scène en comprimant leur courroux.*)

SCÈNE VI

Les mêmes, ANNETTE, CLAUDINE

ANNETTE, *entrant.*

Ah ! vous voici toutes prêtes?

CLAUDINE

Suivez-moi ! Dans un instant, le voiturier va se trouver sur la route, à la hauteur de notre maison.

PHILIPPOTTE

C'est bon ! Peu nous importe la voiture.

FRANÇOISE

Si elle vient !... on laissera passer.

ANNETTE

Qu'est-ce que ça veut dire?

PHILIPPOTTE

Ça veut dire que nous ne partons pas.

CLAUDINE

On ne part pas?... C'est bien sérieux.

FRANÇOISE

Tellement sérieux que tu vas rentrer de suite à la maison et te déshabiller

ANNETTE

Qu'y a-t-il donc, ma tante?

PHILIPPOTTE

Il y a que tu vas en faire autant et reprendre tes habits de tous les jours.

ANNETTE

Mais encore, explique-nous...

PHILIPPOTTE

Pas d'explications! La seule que je te donne,... c'est que si tu rencontres une de ces deux pimbêches-là... je te défends de leur parler.

FRANÇOISE, *à Claudine.*

C'est comme toi; si l'une d'elles se trouve sur ton chemin... tourne la tête et ne les regarde pas.

CLAUDINE

Cependant, marraine...

FRANÇOISE

Allons, file!... Et plus un mot.

ANNETTE

Bonne tante...

PHILIPPOTTE

Rentre!... ou je claque si tu me désobéis. (*Claudine et Annette rentrent chez elles interdites.*)

FRANÇOISE

Tu me payeras ça, la Philippotte.

PHILIPPOTTE

Je ne te crains pas, la Françoise. (*Toutes deux rentrent également dans leur maison.*)

SCÈNE VII

CLAUDINE, ANNETTE

(La croisée qui fait suite à la porte de Françoise s'ouvre, Claudine apparaît, regardant de tous côtés.)

CLAUDINE

Q'est-ce que cela signifie ? Nous étions si heureuses de notre voyage projeté !... Il allait se faire !... Ma marraine et la tante d'Annette en faisaient une partie de plaisir comme nous !... Crac ! le temps change et voilà tout à l'eau. (*La croisée de la maison à droite s'ouvre. Annette paraît.*)

ANNETTE

Quel ennui, va ! Tout marchait si bien ! Quelle mouche les a donc piquées pour qu'elles se fâchent ainsi ? Car elles avaient l'air fâché. (*Bruit de grelots au dehors.*) Une voiture passe sur la route.

CLAUDINE

C'est le coquetier ! Adieu la promenade !

ANNETTE

Tu es là, Claudine !

CLAUDINE

Oui ! je suis prisonnière. Figure-toi que marraine m'a enfermée.

ANNETTE

Comme moi !... Ma tante a tiré le verrou !... Puis elle a disparu... sans doute pour ne me donner aucune explication.

6.

CLAUDINE

A quoi ça peut-il servir de nous tenir recluses?...
Pour être libres nous n'avons qu'à sauter par la
fenêtre.

ANNETTE

Où pourrions-nous aller?

CLAUDINE

Il nous sera plus facile de nous rapprocher... pour
causer de ce qui arrive...

ANNETTE

Sans qu'on puisse nous entendre... Tu as raison!...
Je saute!

CLAUDINE

Et moi je te rejoins. (*Les jeunes filles franchissent
la croisée et se rejoignent.*)

ANNETTE

Quelle idée te fais-tu de tout cela?

CLAUDINE

Je suppose que, pendant que nous étions sur la
route à guetter la voiture, une dispute se sera élevée entre ta tante et ma marraine.

ANNETTE

Elles étaient si bien d'accord avant... Qui pourrait
les avoir brouillées?

CLAUDINE

Je suis sûre que je le devine.

ANNETTE

Dis ce que tu penses pour voir si c'est la même
dée que moi.

CLAUDINE

Te rappelles-tu que marraine a dit qu'elle voulait acheter le bout de terre qui sépare leurs deux propriétés?

ANNETTE

Sans doute! J'ai même ajouté que ma tante avait exprimé le même désir!... Eh bien, comme toi, je pense que la discussion est venue de là.

CLAUDINE

Ce bout de terrain est insignifiant!... Elles n'y tiennent qu'à cause du chêne creux.

ANNETTE

Ce vieux tronc vidé par le temps!... Elles lui attribuent des qualités fantastiques!... Voilà le défaut d'une éducation imparfaite.

CLAUDINE

Maudit arbre!... Si je pouvais l'abattre!

ANNETTE

C'est facile! Prenons une pioche chacune, et courons le briser.

CLAUDINE

Y penses-tu? Nous ne sommes que des jeunes filles... presque des enfants... et nous irions entreprendre un travail d'homme!

ANNETTE

Il me vient une idée.

CLAUDINE

Produis-la, si elle est bonne.

ANNETTE

Ça va te sembler drôle, mais voilà ce que c'est.

Notre cousin, le surveillant des mines, est venu la semaine passée voir ma tante ; il a oublié chez nous une boîte contenant des cartouches pour faire sauter des quartiers de roche ; nous allons en prendre une et faire éclater l'arbre.

CLAUDINE

Oh! non, alors! Je ne touche pas à ces machines-là.

ANNETTE

Il n'y a pas de danger!... Elles ont une mèche qui brûle cinq minutes avant que ça ne parte! On a le temps de s'éloigner.

CLAUDINE

Non! non! non!... Merci!... Pour causer un accident peut-être.

ANNETTE

Eh bien, moi!... j'y vais.

CLAUDINE

Ça n'a rien qui m'étonne! A la classe on t'appelait le garçon manqué.

ANNETTE

Et toi, mademoiselle sainte-n'y-touche!.. Enfin, peu m'importe, je me charge de l'opération... Je vais rentrer par la fenêtre... je prends la boîte... des allumettes aussi pour enflammer la mèche...' Viens avec moi, tu verras comme je suis brave. (*Elle rentre dans la maison par la croisée.*)

SCÈNE VIII

CLAUDINE, *seule.*

Une singulière idée qu'il a eue là, son cousin le surveillant des mines, d'oublier sa boîte de cartouches! Claudine n'aurait pas eu la possibilité d'en mettre une dans le chêne creux pour le faire éclater!... Ça va faire du bruit... et si l'on apprend que c'est nous... Le garde champêtre viendra nous gronder... et peut-être nous mettre en prison... J'aime mieux rentrer dans celle que ma marraine m'a faite!... Tant pis... Annette ira toute seule si elle veut. (*Au moment où elle va escalader sa fenêtre, Claudine saute de nouveau par la sienne.*)

SCÈNE IX

ANNETTE, CLAUDINE

ANNETTE

C'est fait!... j'ai trouvé tout ce qu'il faut.

CLAUDINE

Je suis prise! Pas moyen de reculer.

ANNETTE

Fais comme moi ; tire bien la croisée pour que ta marraine ne s'aperçoive pas de ta fuite!... A présent, courons. Tiens! Vois-tu!... Voilà ce que c'est.

CLAUDINE

N'approche pas ça!... Si ça faisait explosion entre tes mains.

ANNETTE

Est-elle bête!... Puisqu'il faut qu'on y mette le feu... et qu'on a encore cinq minutes pour s'éloigner.

CLAUDINE

Dis donc! il y a encore une chose à laquelle je réfléchis!... nous allons peut-être accomplir une mauvaise action!... car enfin, nous allons essayer

de faire tomber un arbre qui ne nous appartient
pas.

ANNETTE

Un vieux chêne creusé, presque mort, et que le
moindre vent peut renverser.

CLAUDINE

Laissons faire le vent.

ANNETTE

Ça pourrait être long... et nous n'avons pas le
temps d'attendre... Au reste, cet arbre est un préjugé... et comme on nous le disait à l'école... les
préjugés, il faut les détruire... Viens-tu?... Je vais
mettre toute la boîte dans le creux.

CLAUDINE

Je te suis... mais de loin. (*Annette sort en courant,
Claudine plus lentement.*)

SCÈNE X

FRANÇOISE, *seule*.

Pauvre petite!... J'ai pas osé rentrer dans sa
chambre!... je suis sûre qu'elle est toute en larmes!...
(*S'approchant doucement de la croisée.*) J'entends rien;
si je crois qu'elle se mouche!... C'est ben comme
je disais... Elle pleure pour sûr! Ça doit lui fendre
l'âme d'être obligée de ne plus voir Annette! Elles
s'aiment comme deux sœurs... et parce que l'idée
nous est venue de vouloir acheter toutes deux un
méchant bout de terrain de deux liards... voilà toute
une fâcherie qui sépare nos enfants!... Que le diable
emporte le chêne creux!... Ça me serait égal après
tout que ça soit Philippotte qui l'ait... Seulement je ne

céderai pas la première!... Je suis autant qu'elle après tout. Je ne me soumettrai pas... La voilà qui sort de chez elle!... Je ne veux pas qu'elle me voie!... Cachons-nous derrière la maison.

SCÈNE XI

PHILIPPOTTE, *seule.*

Hein! mon Dieu! mon Dieu!... que c'est embêtant tout ça! on était là deux familles qui n'en formaient qu'une seule!... Va falloir se regarder en chiens de faïence!... Pour sortir de là y aurait qu'un moyen... Ça serait de laisser la Françoise acheter toute seule le terrain du chêne creux!... Elle y tient parce qu'on dit qu'une fée bienfaisante en habite le tronc!... Est-ce que, si c'était vrai, bien d'autres avant nous ne l'auraient pas acheté?... Moi je n'y crois guère, mais si je tiens à l'avoir, c'est parce que la Françoise s'imagine que tout lui est dû... et que je ne veux pas lui céder parce que je suis autant qu'elle!... (*Allant écouter à la croisée de droite.*) Il me semble qu'Annette a remué!... Pauvre petite!... Doit-elle s'embêter toute seule!

FRANÇOISE, *se montrant.*

Oui! va! T'as fait là un beau chef-d'œuvre.

PHILIPPOTTE

Si tu voulais bien rester chez toi... et ne pas t'occuper de mes affaires.

FRANÇOISE

Rester chez moi!... Est-ce que la rue ne m'appartient pas comme à tout le monde? Je suis libre de me promener... et je ne vois pas qu'est-ce qui m'interdirait le passage.

PHILIPPOTTE

Va donc te promener de manière à ce qu'on ne te revoie pas.

FRANÇOISE

Et d'abord, je te défends de me tutoyer... entendez-vous, madame la richarde?

PHILIPPOTTE

Oh! cette banquière!... qui fait des embarras parce qu'elle a quatre sous à dépenser pour acheter un bout de terrain avec un arbre pourri.

FRANÇOISE

C'est un luxe que je peux me payer tout aussi bien qu'un autre; mais à cette heure il me suffit que vous ayez jeté l'œil dessus pour que je n'en veuille point.

PHILIPPOTTE

Vous pouvez le prendre tout à votre aise; car, du moment qu'il vous plaît, ça ne doit pas valoir grand'chose, et je garde ma monnaie pour quelque affaire meilleure.

FRANÇOISE

J'y mettrai point d'enchère.

PHILIPPOTTE

Ni moi non plus.

FRANÇOISE

Quand on pense que cette créature-là... est assez sans cœur pour enfermer sa nièce toute seule dans une petite chambre, pour qu'elle ne puisse pas voir ma fiote qu'est son amie d'école.

PHILIPPOTTE

Et toi, qu'est-ce que t'as donc fait de Claudine

que j'entendais pleurnicher tout à l'heure comme une pauvre prisonnière.

FRANÇOISE

Ma filleule prisonnière ? La preuve que c'est un mensonge avéré, c'est que je n'ai qu'à l'appeler pour qu'elle vienne sur-le-champ. (*S'approchant de sa croisée.*) Claudine ! viens, fillette.

PHILIPPOTTE

Comme elle se presse de venir ! C'est étonnant ! Je suis sûre qu'elle a les yeux rouges et que c'est pour ça qu'elle n'ose pas se montrer.

FRANÇOISE

Eh ben ! fais donc venir ta nièce, toi, pour voir si elle prend la chose avec pus de gaîté.

PHILIPPOTTE

Je m'en dédis point. (*Allant vers sa maison.*) Annette, approche, mon enfant !...

FRANÇOISE

Comme elle t'écoute !... Je te reconnais bien le droit de te moquer des autres.

PHILIPPOTTE

Qu'est-ce que ça veut dire ? Annette !... Annette !... (*Ouvrant la fenêtre.*) Personne !

FRANÇOISE

Hein ! (*Faisant le même mouvement.*) Ensauvé !... Toutes les deux ! Où sont-elles ?... Méchante femme, va, c'est de ta faute.

PHILIPPOTTE

Ou plutôt de la tienne, égoïste et vaniteuse.

FRANÇOISE

Que le diable brûle le chêne creux !

PHILIPPOTTE

Que le bon Dieu le patafiole. (*On entend une pétarade dans l'éloignement.*)

FRANÇOISE

Qu'est-ce que c'est que cette affaire-là ?

PHILIPPOTTE

Parbleu ! Tu invoquais le diable tout à l'heure... C'est p't'être ben lui qui te répond.

FRANÇOISE

Et les fillettes que nous ne voyons point ! Où sont-elles ? (*Annette et Claudine sont parues au fond.*)

SCÈNE XII

Les mêmes, ANNETTE, CLAUDINE

ANNETTE, *au fond.*

Coucou ! les voilà.

PHILIPPOTTE

D'où viens-tu ?... Et puis, est-ce que c'est de la sorte qu'on doit se conduire quand on vous enferme ?

ANNETTE

On pouvait passer à travers les barreaux de ta cage... Je me suis envolée.

FRANÇOISE

Et Claudine ?

ANNETTE

Elle a fait comme moi... Mais la voilà !... Approche donc.

FRANÇOISE

Pauvre mignonne ! Elle est toute tremblante !

CLAUDINE

J'ai eu tellement peur.

FRANÇOISE

Vous avez entendu la détonation d'il y a quelques instants ?

ANNETTE

Nous étions auprès.

PHILIPPOTTE

Quèque chasseur maladroit qui risquait de blesser deux enfants !... ou le garde champêtre qui aura voulu se payer un lièvre !

ANNETTE

Pas du tout.

CLAUDINE

C'est Annette.

FRANÇOISE

Comment ! Annette ! qui a fait ee bruit-là.

CLAUDINE

Sans doute !

PHILIPPOTTE

Mais comment ?

ANNETTE

Tu te souviens des pétards que notre cousin le surveillant des mines apporta la semaine dernière et qu'il oublia dans l'armoire ?

PHILIPPOTTE

Où je les avais ben enveloppés dans une serviette de crainte qu'ils ne partent tout seul.

ANNETTE

Eh ben ! Ils sont partis... d'abord de ton armoire, ensuite à l'aide d'une allumette... mais pas tout seuls... puisque j'y ai mis le feu.

CLAUDINE

Vous avez entendu le vacarme d'ici?... Moi j'ai sauté comme une chèvre.

FRANÇOISE

Malheureuses enfants!...Risquer votre vie...ou un bon procès... en attirant le garde champêtre...

ANNETTE

Tant pis!... vous payerez les frais à vous deux!... Voilà ce que c'est que d'empêcher notre voyage... Ça peut coûter plus cher.

PHILIPPOTTE

Mais, encore une fois, dans quel but avez-vous quitté la chambre où nous vous enfermions sans nous donner le mot?... Pourquoi prendre cette poudre? Et quelle nécessité de la faire partir?...

CLAUDINE

Pour faire éclater le chêne creux.

FRANÇOISE

Le chêne creux!

ANNETTE

Vous pouvez aller le voir!... La moitié du tronc rongé par la vieillesse est couchée par terre.

PHILIPPOTTE

L'arbre sacré! détruit par vous ! vous attirerez la malechance sur nos maisons!

CLAUDINE

Au contraire !... Il était ensorcelé !.. Il ne s'en est échappé qu'une volée de chauves-souris ou d'orfraies... oiseaux de mauvais présage !

ANNETTE

Vous croyez à la vertu de cet arbre... C'était un préjugé !... or tout préjugé, il est sage de le détruire.

FRANÇOISE

Voilà le résultat de l'instruction !... Des gamines ont plus raison que nous.

PHILIPPOTTE

De cette affaire-là n'y a pus de motif pour se disputer l'achat du terrain?

CLAUDINE

Non ! vous l'achèterez à deux !... Il rapprochera vos propriétés.

ANNETTE

Le chêne creux vous divisait debout... A terre, il vous réunit.

FRANÇOISE

L'amitié des enfants a trouvé le moyen de bannir la discorde !... Donnez-nous la main, oublions tout discord... et faisons comme elles le disent.

PHILIPPOTTE

Nous avons fait un mauvais rêve !... N'y songeons pus... Et puisque nos fillettes ont si ben travaillé, demain nous ferons le voyage projeté.

CLAUDINE

Tout est bien qui finit bien.

FIN

MADEMOISELLE BOUDE

COMÉDIE DE PENSION EN UN ACTE

———

PERSONNAGES :

CÉLINA, monitrice sérieuse.
ZÉPHYRINE, espiègle, mais bonne.
MODESTE, jeune orpheline.
CLARA,
ESTELLE,   } Pensionnaires.
LOUISE,
BLANCHE,

———

La scène se passe dans une pension particulière.

MADEMOISELLE BOUDE

Le préau d'une pension. — Porte au fond.
Autres portes à droite et à gauche.

SCÈNE PREMIÈRE

ZÉPHYRINE, *seule.*

Coucou! me voilà!... Tiens!... Je suis toute seule?
oh! les paresseuses!.... Elles m'appellent la folle!
Zéphyrine l'espiègle!... Incapable de faire une chose
grave! Et quand il s'agit d'entamer un chapitre
sérieux, la rieuse est toujours la première... plus
souvent même qu'à l'étude! J'entends du bruit!... Ça
doit être quelqu'une de nos conspiratrices!... Attention !...

SCÈNE II

CLARA, ZÉPHYRINE, ESTELLE

ZÉPHYRINE

Qui vive?

ESTELLE

Oh! m'a-t-elle fait peur!

CLARA

Cette folle de Zéphyrine n'en fait jamais d'autres.

ZÉPHYRINE

Avancez à l'ordre.

ESTELLE

La nature s'est trompée en te créant demoiselle!...
Tu as les goûts d'un garçon... et d'un garçon qui aime-
rait le service militaire...

ZÉPHYRINE

Dame! mon père était soldat! moi je suis Française!... et j'adore tout ce qui concourt à la gloire de mon pays! J'ai beau être une grande gamine!... C'est comme ça.

CLARA

Mais voyons! dis-nous pour quelle cause on nous convoque ici!... Tu dois le savoir, car tu sais tout! Je crois, Dieu me pardonne, que tu écoutes aux portes.

ZÉPHYRINE

Qui vous a donné l'avis de vous rendre au préau?

ESTELLE

Louise et Blanche.

CLARA

Qui le tenaient elles-mêmes de Célina.

ESTELLE

Il paraît qu'il s'agit de quelque chose de très intéressant.

ZÉPHYRINE

Très intéressant! Au reste je vais dire la cause qui nous réunit. (*Estelle et Clara se rapprochent avec curiosité.*) Je vais vous dire au moins ce que je sais... Il est question de rassembler toutes les grandes... pour former une vaste conspiration.

CLARA

Une conspiration? Nous n'en sommes pas.

ZÉPHYRINE

Il suffit que vous ayez été prévenue pour ne pouvoir vous en détacher. Vous êtes compromises.

ESTELLE

Parle donc une fois raisonnablement, ou dis alors
que tu ne sais rien.

ZÉPHYRINE

Je sais tout!... et je parle fort sérieusement.

CLARA

D'abord il n'y a que les hommes qui conspirent!...
Consulte l'histoire!...

ESTELLE

Pour un tas de bêtises qu'on nomme de la politi-
que... chose que nous ne comprenons pas encore!...
Ah! s'il s'agissait de conspirer pour changer la forme
d'une robe... ou la confection de nos menus!...
Encore je suis sûre que nos mères nous feraient de
l'opposition.

ZÉPHYRINE

Ça se pourrait, ça!... Car, sous le prétexte qu'ils
sont plus âgés que nous, nos parents font plus souvent leurs volontés que les nôtres.

ESTELLE

C'est une grande vérité!... Et c'est peut-être là où
il y aurait quelque réforme à faire.

ZÉPHYRINE

Vous voyez bien que j'avais raison... et que de fil
en aiguille vous voilà devenues conspiratrices.
Mais tout ce que nous disons là, c'est pour passer le
temps, et nous attendons l'arrivée de tout le monde
et notamment de la grande cheffe pour connaître
le fin mot de la chose.

SCÈNE III

LES MÊMES, LOUISE, BLANCHE

LOUISE

Oh! nous ne sommes pas les premières.

BLANCHE

Estelle et Clara sont accourues avant nous; cependant c'est nous qui les avons prévenues.

ESTELLE ,

Prévenues que toutes les grandes se réunissaient au préau, mais sans nous dire pourquoi.

LOUISE

C'est facile à comprendre! Nous n'en savons rien nous-mêmes.

CLARA

Alors, qui le sait?

ZÉPHYRINE

Celle qui vous convoque et qui eût l'idée de la chose. Célina.

BLANCHE

Tiens! la folle qui donne son mot... Je gage qu'elle est dans le secret... ou qu'elle l'a deviné.

ZÉPHYRINE

Pour une folle, comme vous le dites, ça serait toujours une preuve de confiance ou de perspicacité... Mais je vais bien vous surprendre, moi qui suis également bavarde... en ne vous confiant rien à mon tour!... Je suis en cela les ordres de la grande cheffe.

LOUISE

Enfin! on peut bien faire une supposition?

CLARA

Nous sommes venues d'avance pour ça.

ESTELLE

On s'assemble, chacune dit son mot et... du choc des opinions jaillit la lumière, comme le répète souvent mon frère qui fait sa philosophie.

ZÉPHYRINE

Moi, mesdemoiselles, je vais vous servir d'indicateur... mais pas d'indicateur de chemin de fer.

BLANCHE

Ça commence! Elle va nous lâcher d'autres bêtises.

ZÉPHYRINE

Qui Célina a-t-elle averties les premières?

CLARA

Estelle et moi.

ZÉPHYRINE

Que vous a-t-elle recommandé?

ESTELLE

De prévenir toutes les camarades de notre âge qu'il y avait réunion au préau dans une demi-heure pour une chose qui nous intéressait toutes.

LOUISE

C'est de la sorte qu'elles nous ont averties.

BLANCHE

Et que nous avons fait la confidence à d'autres... Jusqu'à Modeste que j'ai prévenue en passant.

CLARA

Oh! Modeste !... à quoi bon?

ZÉPHYRINE

Eh bien! mais... ça n'est pas une gamine !... Elle a notre âge.

CLARA

Sans doute!... Néanmoins, ça fait sa prude!... Elle n'a pas de famille!... C'est un oncle qui subvient à ses dépenses, conséquemment elle n'est pas riche!... Ça ne l'empêche pas d'être fière.

ZÉPHYRINE

Tu ne l'es pas, toi?

LOUISE

Ça n'est pas cela!... D'un tempérament nerveux, la moindre des choses influe sur son organisme!...A la moindre contrariété... Mademoiselle boude.

ESTELLE

Voilà le vrai mot de la situation.

CLARA ET BLANCHE

Mademoiselle boude.

LOUISE

Silence! Je l'aperçois.

ZÉPHYRINE

Voilà ce que c'est que d'être mauvaise langue !... On dit beaucoup de mal des absents, on craint qu'ils ne vous entendent... et parfois on leur jette des gracieusetés mensongères à la face.

BLANCHE

Cette Zéphyrine! quelle gouailleuse ça fait !...

SCÈNE IV

LES PRÉCÉDENTES, MODESTE

ESTELLE

Je vous annonce mademoiselle Modeste.

TOUTES (*faisant la révérence*).

Mademoiselle!...

MODESTE

Oh! quel air sentencieux!... Vous avez du bonheur de pouvoir être gaies tout à votre aise.

LOUISE

Elle nous trouve sentencieuses!... Est-elle sentimentale!

BLANCHE

Nous sommes gaies parce qu'on l'est toujours quand on est jeune.

CLARA

Ne croirait-on pas qu'elle est accablée par les soucis du ménage.

ESTELLE

Avoue donc que tu n'es qu'une boudeuse?

TOUTES

Boudeuse! boudeuse! boudeuse!

ZÉPHYRINE

Laissez-la tranquille et bouder à son aise si ça lui fait plaisir!... Après tout, elle n'est pas obligée de vous prendre toutes pour confidentes. Elle peut être malaise!... elle peut avoir des contrariétés particulières.

MODESTE

On t'appelle folle, Zéphyrine ; c'est encore toi la plus sage.

ZÉPHYRINE

Laissons de côté les compliments et les envois désagréables pour ne songer qu'à la question qui nous rassemble. Tu sais que Célina nous convoque toutes ici ?

MODESTE

La preuve que je le sais, c'est que me voici, mais j'en ignore le motif.

ZÉPHYRINE

Nous allons bientôt le connaître, car elle ne peut tarder à venir.

BLANCHE

Qu'est-ce que ça peut faire à mademoiselle Modeste qu'on cause de ceci ou de cela. Pendant ce temps elle ira bouder dans un coin.

MODESTE

Je vous prie de me laisser en paix. Je ne vous demande ni quolibets ni sympathie.

LOUISE

Je le crois ; on peut se passer de l'amitié des autres quand on est princessse ou qu'on peut avoir une cour.

ESTELLE

Laissez-la donc rêver aux écus de son oncle d'Amérique.

CLARA

Ou à la succession que lui laisse son opulente famille.

ZÉPHYRINE

Mesdemoiselles, vous êtes méchantes.

MODESTE

Ne te mets pas en peine de me défendre, Zéphyrine ; tu n'y gagnerais rien qu'à mettre tout le monde contre toi. Je veux prouver à ces bonnes petites camarades que je ne suis pas à la hauteur de leurs taquineries ; je leur laisse le champ libre pour les exercer.

BLANCHE

La reine de Golconde va reposer dans son hamac ! Place ! Place à la reine.

MODESTE

Oui ! Je m'en vais !.. mais souvenez-vous d'une chose, mesdemoiselles !... C'est qu'on manque de convenance ou d'esprit lorsqu'on insulte le malheur ou la pauvreté. (*Elle sort.*)

SCÈNE V

LES MÊMES, *moins* MODESTE

ZÉPHYRINE

Vous l'avez fâchée.

LOUISE

Elle se défâchera.

BLANCHE

Quand elle ne se défâcherait pas, puisqu'elle aime vivre comme un hibou, seule dans un coin, ne la dérangeons pas.

CLARA

C'est juste ! Les hibous ne se mêlent pas avec les colombes.

ZÉPHYRINE

Tu es une colombe, toi? Eh bien! prends garde de t'égratigner, car tu as des griffes aux pattes.

CLARA

Est-elle impolie, cette Zéphyrine!

ZÉPHYRINE

Je complète ta pensée.

ESTELLE

Mesdemoiselles, nous allons savoir à quoi nous en tenir ; car voici Célina, la grande cheffe comme l'appelle Zéphyrine!... Elle est accompagnée de plusieurs de nos amies.

SCÈNE VI

LES MÊMES, CÉLINA, *pensionnaires*

CÉLINA, *entrant.*

Ah! vous voilà réunies une demi-douzaine. Je suis contente! Avec les camarades que j'amène, nous serons assez nombreuses pour mener à bien l'œuvre que j'ai conçue.

LOUISE

Il paraît qu'il s'agit d'une conspiration?

CÉLINA

Une conspiration? Qui dit cela?

BLANCHE

Zéphyrine.

CÉLINA

Vous savez que Zéphyrine est une moqueuse; si elle savait quelque chose, elle a voulu vous donner le change.

CLARA

Mais enfin de quoi s'agit-il?

CÉLINA

D'une chose fort simple!... Et que ceci va vous faire deviner de suite. (*Elle remet un petit livre à Blanche.*)

BLANCHE

Un almanach?

CÉLINA

Regarde le quantième de lundi prochain et le nom du saint qu'il indique.

BLANCHE

C'est la fête de notre maîtresse.

ZÉPHYRINE

Vous voyez qu'il est heureux que Célina y ait songé!... Chacune de nous l'oubliait.

CÉLINA

Et cependant que ne lui devons-nous pas pour les soins qu'elle prend de notre éducation. Elle ne remplit que son devoir, nous dit-elle; mais nous qui devons avoir le sentiment de la reconnaissance, c'est un devoir de le manifester.

LOUISE

Aussi, approuvons-nous ton idée.

CÉLINA

Que je complète de la sorte: nos familles ne sont pas sans nous donner quelque argent pour satisfaire nos fantaisies ou calmer des besoins futiles. Que toutes celles qui peuvent disposer d'une somme plus ou moins forte provenant de leurs économies veuillent bien l'apporter de bon cœur.

CLARA

Et puis après?

CÉLINA

Après? Nous nommerons une commission de plusieurs membres... un suffrage universel comme les hommes.

ZÉPHYRINE

Nous userons de nos droits politiques.

CÉLINA

Et l'on jugera ce qu'on doit acheter selon la somme provenant des cotisations. Ma pensée vous semble-t-elle bonne?

ESTELLE

Approuvé.

TOUTES

Approuvé.

BLANCHE

De ce coup-là Modeste a bien fait de partir.

CÉLINA

Modeste était ici? Pourquoi n'y est-elle plus?

ZÉPHYRINE

Parce que ces demoiselles l'ont taquinée. Je suis sûre qu'elle est partie avec des larmes dans les yeux.

LOUISE

Pourquoi n'est-elle pas comme les autres? Pourquoi boude-t-elle tout le temps?

CLARA

C'est une boudeuse.

TOUTES

C'est vrai.

CÉLINA

Modeste est gentille, intelligente et douce; je ne crois pas qu'elle boude, je lui suppose des chagrins quila poussent à rechercher l'isolement. La rendre plus malheureuse serait d'un mauvais cœur.

LOUISE

Si l'on créait des avocates ou des pastoresses, Célina serait du nombre.

CÉLINA

Je ne suis pas plus savante qu'une autre, seulement je juge avec mon cœur!... Eh bien! c'est convenu, n'est-ce pas, mesdemoiselles? Vous allez toutes apporter votre cotisation ou la remettre à Zéphyrine que je constitue notre caissière.

BLANCHE

Ainsi soit-il!

CLARA

Courons à notre dortoir.

TOUTES

Courons.

CÉLINA

Si l'une de vous rencontre Modeste. Dites-lui que je l'attends ici.

TOUTES

Très bien! (*Elles sortent.*)

SCÈNE VII

CÉLINA, *seule*

Je ne sais pas ce qu'elles ont contre cette pauvre Modeste; elles aiment toutes la contrarier ou en dire du mal! Elles sont cependant plutôt bonnes que méchantes ; mais enfin le sort les a peut-être gratifiées d'une position meilleure que la sienne et tout naturellement un peu d'aristocratie l'emporte! à qui s'en prendre? Qui doit-on accuser? Choisissons-nous notre naissance? Ah! ma commission a été vivement faite! voici Modeste.

SCÈNE VIII

CÉLINA, MODESTE

MODESTE

On m'a dit que tu me demandais?

CÉLINA

On t'a dit la vérité!...tout à l'heure, la plupart des grandes étaient ici!... Tu y étais venue, paraît-il ; alors j'ai désiré causer seule avec toi pour savoir pourquoi tu n'avais pas attendu le résultat de notre comité.

MODESTE

J'avais toujours le temps de l'apprendre.

CÉLINA

Je remarque que depuis quelques jours tu as l'air peu gaie! Tu n'es pas malade!

MODESTE

Du tout.

CÉLINA

Tu ne boudes à personne, quoi qu'en disent tes camarades?

MODESTE

Je ne suis pas boudeuse!... Je suis... comme tu le disais tout à l'heure... peu gaie.

CÉLINA

Nous connaissons toutes ta position sociale!...
Nous savons que tu es orpheline de parents pauvres,
ce dont nous sommes loin de te faire un reproche;
on pourrait même opposer à toute maladroite qui
voudrait t'en faire une œuvre personnelle, que tu
as un oncle riche qui prend soin de ton éducation.

MODESTE

J'en dois être reconnaissante à mon oncle, mais
comme toutes. mes compagnes, je remarque qu'il
ne vient pas voir sa nièce, qu'il s'en occupe peu.

CÉLINA

Comme notre maîtresse, tu supposes qu'il ne te
met en pension que par orgueil et pour se débar-
rasser de toi?

MODESTE

Ça n'est pas là le sujet de mon chagrin.

CÉLINA

Tu avoues en avoir un?

MODESTE

Je l'avoue! et à toi qui es sérieuse, je puis tout
dire!... Je suis chagrine depuis que ma bonne nourrice m'a envoyé sa dernière lettre.

CÉLINA

Je sais que tu as encore ta nourrice et ton père
nourricier vivants; je sais que tu es en corres-
pondance avec eux. Mais je ne savais pas que leurs
lettres te causaient la tristesse qui m'a frappée.

MODESTE

Mon pauvre père nourricier a été cinq mois

malade, on a contracté des dettes dans la maison!...
Ça se comprend! moins de travail et plus de dépense!...
De sorte que pour une de ces malheureuses dettes
que réclame un créancier peu charitable, on va
vendre tout chez eux.

CÉLINA

A quel chiffre se monte la somme qui serait
nécessaire pour les tirer d'embarras?

MODESTE

A un chiffre très élevé.

CÉLINA

Très élevé ne me dit pas combien.

MODESTE

Peut-être une centaine de francs.

CÉLINA

Cent francs?... hum!... (*Changeant de ton.*) Ces
demoiselles vont revenir!... Elles s'imaginent que tu
boudes à leur insouciance, parce qu'elles ont le
cœur gai pendant que la tristesse est dans le tien!
(*L'embrassant.*) Ne t'expose pas à leurs sarcasmes et
va m'attendre dans ta chambrette; j'irai tout à
l'heure causer avec toi.

MODESTE, *l'embrassant à son tour.*

Tu es bonne et juge s'il faut que je t'aime pour
t'avoir confié les causes de mon chagrin?

CÉLINA

Sois certaine que tu as bien placé ta confiance...
A tout à l'heure. (*Modeste sort après lui avoir fait un
second signal amical.*)

SCÈNE IX

CÉLINA, ZÉPHYRINE

CÉLINA

Cette pauvre fille!... quelle grâce lui rendrait celui ou celle qui tirerait d'un mauvais pas ceux qui l'ont élevée!... J'ai bien un projet à cet égard, mais reste à savoir si les circonstances me viendront en aide comme je le désire.

ZÉPHYRINE

Là! nous nous sommes toutes cotisées! Ces demoiselles t'attendent au dortoir pour te remettre le montant de la souscription.

CÉLINA

Quel total a-t-elle produit?

ZÉPHYRINE

Soixante francs.

CÉLINA

Soixante francs? (A part.) Et vingt que je possède... Ça ne fait que les quatre cinquièmes de la somme.

ZÉPHYRINE

Qu'est-ce que tu marmottes donc?

CÉLINA

Je calcule mentalement l'emploi de notre cotisa-on. Je me transforme en trésorière et je vais recueillir les fonds.

ZÉPHYRINE

Veux-tu que je t'accompagne?

CÉLINA

Inutile! Je vais voir nos camarades et te les envoyer ensuite!... Vous m'attendrez toutes ici.

ZÉPHYRINE

Tu ne viendras pas avec elles?

CÉLINA

Non!... Je souscris à la masse comme les autres et je dois monter à ma chambre pour chercher ma part d'économies! c'est convenu! vous m'attendrez!... Je reviens dans un quart d'heure.

SCÈNE X

ZÉPHYRINE, *seule*.

Je ne sais pas ce qu'elle peut avoir... son air est tout drôle! et cependant elle paraît joyeuse!... En tout cas, on peut se fier à elle... seule elle a songé que c'était la fête de notre maîtresse; nous allions l'oublier et ça faisait un oubli regrettable. (*Regardant par une croisée.*) Ah! la voici dans le cercle de nos compagnes!... chacune lui remet son obole... avec la mienne que j'ai confiée à Blanche... Ces demoiselles accourent de ce côté!... Célina rejoint le dortoir!... Tout s'exécute à la lettre comme c'est convenu.

SCÈNE XI

ZÉPHYRINE, BLANCHE, LOUISE, CLARA, ESTELLE, ÉLÈVES

BLANCHE

Fait! ah! fait!

LOUISE

Nous voilà soulagées.

CLARA

Dans notre conscience d'abord!

ZÉPHYRINE

Ensuite dans notre porte-monnaie.

ESTELLE

Cette Zéphyrine, elle ne voit toujours que le côté matériel de la chose : naturellement, notre porte-monnaie se trouve soulagé puisqu'il est vide.

BLANCHE

Mais notre conscience l'est davantage, puisque nous réparons une faute que nous allions commettre par étourderie.

LOUISE

Heureusement que Célina possède de la mémoire pour nous.

ESTELLE

Elle n'a jamais que de bonnes pensées.

ZÉPHYRINE

Vous reconnaissez que c'est la plus raisonnable de toutes?

CLARA

Pas une ne le contesterait.

LOUISE

Nous la trouvons digne de commander.

BLANCHE

Mais comment se fait-il qu'elle ne soit pas venue? Elle a dit que nous l'attendions ici.

ZÉPHYRINE

Ne faut-il pas qu'elle joigne son offrande aux nôtres? Elle est allée dans sa chambre chercher sa part de mise!... Ensuite...

LOUISE

Ensuite? quoi?

ZÉPHYRINE

J'ai une idée !

ESTELLE

Remarquez-vous que Zéphyrine a toujours des idées qu'elle expose d'une façon mystérieuse? C'est pour intriguer son monde et qu'on l'invite à tout dévoiler.

ZÉPHYRINE

Je ne fais mystère de rien... et mon idée la voici : Je pense que notre amie est allée voir la directrice, pour deviner en causant ce qui pourrait lui être agréable, et faire ainsi le meilleur emploi possible de nos fonds.

CLARA

Ça ne serait pas fort !... car il n'y aurait plus de surprise.

ZÉPHYRINE

On a dit tout à l'heure que Célina ne trouvait que de bonnes idées, de sorte que si elle agit comme je le pense, croyant faire bien... elle va commettre une sottise.

CLARA

Je me rétracte, et j'offre mes excuses d'autant plus volontiers à Célina, que cette réflexion vient de toi.

ZÉPHYRINE

Fort bien ! Conclusion ! c'est moi qui suis une bête.

LOUISE

Qu'elle est donc taquine et ennuyeuse avec son opposition systématique.

BLANCHE

Allons, mesdemoiselles ! Ne nous chicanons pas

inutilement!... Nous allons savoir le fin mot de la chose! Je vous annonce Célina.

SCÈNE XII
Les mêmes, CÉLINA

CÉLINA

Vous m'attendiez avec impatience, n'est-ce pas?

LOUISE

Oh! oui!

CÉLINA

Je vais vous rendre compte de l'emploi de mon temps et vous conter une histoire très intéressante.

BLANCHE

Si tu as appris du nouveau depuis que tu nous as quittées, tu n'as véritablement pas été longue.

CÉLINA

Je suis allée voir notre directrice.

ZÉPHYRINE

Qu'est-ce que je disais?

ESTELLE

C'est peu malin à deviner? Tu étais dans la confidence.

CÉLINA

Je n'en avais soufflé mot à personne. Je suis donc allée voir notre maîtresse... et marchant directement au but : — Madame! lui ai-je dit, vos élèves, reconnaissantes des soins maternels que vous leur donnez, n'oublient pas que votre fête approche, et désireraient savoir de quelle manière elles pourraient vous exprimer leur gratitude.

CLARA

C'est bien tourné, mais tu éventais la mèche.

CÉLINA

Vous allez voir que j'eus raison... Notre maîtresse me remercia d'abord au nom de toutes et me dit : L'an dernier, mes chères enfants m'ont fait une surprise qui m'a touché le cœur! Leur bon souvenir m'est sensible... mais regardez autour de vous s'il n'y aurait pas une infortune à secourir, à laquelle ce que vous désirez m'offrir pourrait être destiné d'une façon plus efficace.

LOUISE

Nous nous connaissons toutes suffisamment pour savoir qu'aucun besoin de ce genre n'existe parmi nous.

CÉLINA

Eh bien! vous vous connaissez mal!... Il en est une que sa dignité morale oblige à se contraindre : elle n'est ni moins vaillante ni moins travailleuse que les autres... et cependant un souci cuisant lui ronge le cœur.

ESTELLE

De qui veux-tu parler?

CÉLINA

Laissez-moi finir mon histoire : celle de nos compagnes que je cite, sans la nommer toutefois, a sa vieille nourrice qui va se trouver réduite à la mendicité faute d'un secours de cent francs.

BLANCHE

Ça n'est pas une affaire... nous pouvons nous cotiser pour ça.

CÉLINA

Voilà où je vous attendais!... votre bon cœur parle.

LOUISE

Oui! mais nous avons donné ce que nous possé-
dions pour la fête de notre directrice... et pour nous
cotiser de nouveau, nous avons besoin de revoir nos
parents!... Le secours dont tu nous parles est-il
pressé?

CÉLINA

Il le faudrait de suite.

LOUISE

Alors, comment faire?

CÉLINA

J'ai tourné la difficulté!... Vous allez voir!... Notre
maîtresse m'ayant parlé de la sorte, je lui citais
l'infortune au-devant de laquelle elle nous conseil-
lait d'aller... Puis récapitulant notre fonds communs... je trouvais soixante francs... j'en ajoutais
vingt à moi...

BLANCHE

Ça ne fait pas encore le compte.

CÉLINA

Permettez-moi maintenant de vous lire ce petit
billet que notre bonne maîtresse vient de me
remettre à l'instant même! « Mes bonnes, dévouées
et charitables élèves, en vous remerciant de l'intention et du bon souvenir que vous conservez à mon
égard... veuillez m'admettre au nombre de vos
sœurs de charité, en accueillant une somme de
vingt francs que je vous adresse pour compléter le
chiffre nécessaire à l'œuvre charitable que vous
faites en ce jour. »

CLARA

Comme ça les cent francs y sont.

CÉLINA, *continuant.*

« C'est le plus délicieux bouquet que vous puissiez m'offrir, et en échange duquel je vous dois à chacune un baiser payable à première vue. »

BLANCHE

Eh bien ! mais nous devions élire un comité pour chercher le meilleur emploi de notre apport, il me semble tout trouvé.

CÉLINA

Dites mieux !... tout distribué.

LOUISE

Comment ! il est déjà remis entre les mains auxquelles on le destine.

CÉLINA

Les bonnes actions doivent se faire vite, elles acquièrent plus de saveur et d'actualité.

ESTELLE

Mais nous sera-t-il donné de connaître celle d'entre nous qui bénéficie d'une semblable libéralité ?

ZÉPHYRINE

Faite à notre insu, quoique de notre plein consentement.

SCÈNE XIII
Les mêmes, MODESTE

MODESTE, *entrant*

C'est moi.

TOUTES

Modeste !

MODESTE

Que vous rendez fort heureuse, en sauvant sa nourrice d'un malheur irréparable.

ZÉPHYRINE

Voyez, maintenant, ses yeux brillent, le sourire est sur ses lèvres!... Vous ne direz plus qu'elle boude.

MODESTE

Je n'ai jamais été boudeuse!... seulement j'avais le cœur triste et je n'osais le confier à personne!... Le chagrin rend fier quelquefois.

ESTELLE

Tu as eu tort de manquer de confiance, tu le vois, nous sommes toutes satisfaites de ce qui arrive.

MODESTE

Vous êtes toutes gentilles!... Je ne regrette qu'une chose, c'est de ne pouvoir vous aimer davantage.

ZÉPHYRINE

Dans tout cela, c'est encore Célina qui a eu le plus de mémoire et la meilleure pensée!... c'est à sa généreuse initiative que nous devons notre double bonne action.

CÉLINA

Je suis l'aînée!... Je devais être la plus raisonnable. *Elle attire Modeste auprès d'elle, les deux jeunes filles tendent les mains à leurs camarades. — Tableau.*

FIN

EN RETENUE

SAYNÈTE EN UN ACTE

PERSONNAGES :

RÉGINE, — sous-maîtresse.
• BERTHE, — jeune pensionnaire.

L'intérieur d'une classe après la sortie des élèves.

SCÈNE PREMIÈRE
RÉGINE, BERTHE
Régine entre poussant Berthe devant elle.

RÉGINE

Allons! mademoiselle! Placez-vous là! Madame entend que vous fassiez, seule, la dictée que vous avez cru sans doute faire passer aux oubliettes.

BERTHE

Je resterai seule, il le faudra bien, puisque vous êtes la force... J'espère toutefois que vous n'allez pas me mettre sous clé?

RÉGINE

Ca serait une jolie cage que celle dont la porte resterait ouverte... L'oiseau serait bien vite dehors.

BERTHE

Je vous promets que je ne m'enfuirai pas!... Tandis que si vous me tenez comme une prisonnière, non seulement je ne travaillerai pas, mais je vais pousser des cris pour attirer tout le monde.

RÉGINE

Ta! ta! ta!.. Mademoiselle la révoltée! Nous vaincrons ces résistances-là.

BERTHE

Oh! c'est que j'ai une tête.

RÉGINE

Nous le savons! si votre cœur ne valait pas mieux... ça serait à craindre pour l'avenir.

BERTHE

Et d'abord, pourquoi me punit-on seule? Octavie n'a pas mieux fait ses devoirs que moi.

RÉGINE

Octavie a sa punition comme vous avez la vôtre ;
écrivez la leçon que vous n'avez pas faite ; dans une
heure je viendrai voir si je dois vous délivrer.

BERTHE

C'est inutile ! Je ne ferai rien.

RÉGINE

Allons ! pas de mutinerie ! Lorsqu'on a manqué,
la justice vous frappe ! Il faut se repentir... et s'in-
cliner... (*Elle sort dignement.*)

SCÈNE II

BERTHE, *seule*
Courant vers la porte.

Elle est bien fermée !... En dépit de ma prière... et
de ma promesse de ne pas fuir.
Poussant des cris.

Ah !... au secours !... ouvrez-moi !... Je suis
malade !
Écoutant.

On ne vient pas !... Qu'est-ce que je pourrais donc
bien faire pour causer du bruit ? Si je renversais
la table et les chaises ?... Non ! je pourrais me faire
du mal... et j'attraperais des taches d'encre.
Avec résolution.

Pour ce qui est de copier ma leçon par exem-
ple !... Jamais je ne le ferai.
S'asseyant.

Je vais m'ennuyer moi pendant une heure ! que
ferais-je bien pour me distraire ? Écrire !... Oui !
mais des bêtises !... pour m'amuser et remplir mon
cahier.

Se rapprochant du public.

Ce qui me contente, c'est de savoir que je ne suis pas punie toute seule !... et qu'Octavie est en retenue comme moi.

Après un instant de réflexion.

Est-ce bien de sa faute ? N'est-ce pas plutôt de la mienne ?

Étourdiment.

Voyons : nous sommes toutes les deux bonnes camarades !... Toutes les deux, portées à rire. Aujourd'hui j'étais en veine de plaisanteries... et pendant que madame nous dictait une leçon, elle allait son petit bonhomme de chemin... écrivant toujours tandis qu'on me rappelait à l'ordre.

Avec une pointe d'agacerie.

Voyant cela, j'ai déchiré la page qu'elle était en train de copier !... Je n'avais rien de fait... mais elle non plus... Et nous voilà punies ensemble.

D'un air pensif.

Il est vrai que sa mère est malade... et qu'elle ne devait pas avoir le cœur gai... c'est donc moi qui ai le cœur mauvais !

Pause sentimentale.

Oui !... plus mauvais que le sien ! Si elle avait voulu se plaindre... et dire : Madame ! c'est Berthe qui m'a déchiré ma page d'écriture... j'étais punie seule !... et je la laisse frapper comme moi... alors qu'elle est innocente !... alors qu'elle a du chagrin ! Oh ! c'est mal ce que j'ai fait.

Plus doucement.

Je n'ai pas respecté sa douleur ! Je l'aggrave encore... et pas un murmure de sa bouche n'est venu m'accuser !... Elle est bonne !... et moi je suis méchante !

Vivement.

Comment donc pourrais-je réparer ma faute?
En écrivant à madame.

S'asseyant de nouveau.

Qu'il est heureux que je n'aie pas rempli mon
cahier de bêtises comme je voulais le faire.

Se mettant à écrire.

Madame la directrice.

S'arrêtant.

La dictée que je vais faire là m'est tracée par ma
conscience! Elle n'est pas scolaire... mais quelque
chose me dit qu'il en sera tenu compte.

Continuant sa lettre.

Madame, c'est une coupable qui vous demande
grâce... non pour elle, mais pour une innocente
injustement frappée... Octavie ne mérite aucune
punition, c'est par ma faute que ses devoirs n'ont
pas été faits; veuillez donc l'excuser et me punir
doublement à sa place.

La porte s'ouvre doucement: Régine entre sans bruit.

SCÈNE III

RÉGINE, BERTHE

BERTHE, *sans voir Régine.*

Maintenant déchirons cette page : Plions-là...
en forme de lettre. (*Se levant.*) Mais comment
la faire parvenir? Si j'attends qu'on me déli-
vre, Octavie aura terminé sa punition... Je ne
l'exempterai de rien!... Jetons-la par cette fenêtre.
(*Elle se retourne et aperçoit Régine.*) Vous ici? Déjà!

RÉGINE

Je viens vous annoncer que vous êtes libre!...
Votre punition est levée !

BERTHE

Levée !... Par quelle faveur ?

RÉGINE

Cette lettre, qu'Octavie a écrite à madame... vous disculpe entièrement !... Elle se reconnait seule coupable.

BERTHE

Oh ! mademoiselle !... c'est un noble mensonge ! Tandis que je me réjouissais de la voir punie comme moi, son esprit ne cherchait que le moyen de m'épargner une peine ! La vérité, la voici : j'allais vous prier de la faire parvenir à madame la directrice.

Elle donne sa lettre que Régine parcourt rapidement.

RÉGINE

Voilà ma réponse, (*Elle l'embrasse.*) Vous comprenez maintenant ce que je vous expliquais en vous amenant ici... on devrait toujours consulter son cœur avant de suivre les impulsions de son cerveau.

BERTHE

C'est la raison qui parle par votre bouche, mademoiselle.

RÉGINE

A présent, courons embrasser Octavie.

FIN

Clichy. — Impr. Paul Dupont, 12, rue du Bac-d'Asnières.

www.ingramcontent.com/pod-product-compliance
Lightning Source LLC
Chambersburg PA
CBHW072122090426
42739CB00012B/3038